Lieblingsplätze

MAINFRANKEN

Lieblings-plätze

MAINFRANKEN

GMEINER

WERNER SCHWANFELDER

Autor und Verlag haben alle Informationen geprüft. Gleichwohl wissen wir, dass sich Gegebenheiten im Verlauf der Zeit ändern, daher erfolgen alle Angaben ohne Gewähr. Sollten Sie Feedback haben, bitte schreiben Sie uns! Über Ihre Rückmeldung zum Buch freuen sich Autor und Verlag: lieblingsplaetze@gmeiner-verlag.de

QR-Code einscannen und kostenloses E-Book anfordern.

Alle Bilder stammen von Werner Schwanfelder.

Besuchen Sie uns im Internet:
www.gmeiner-verlag.de

1., überarbeitete Neuauflage 2021

Im Ehnried 5, 88605 Meßkirch
Telefon 07575/2095-0
info@gmeiner-verlag.de

Lektorat/Redaktion: Anja Kästle
Herstellung: Julia Franze
Bildbearbeitung/Umschlaggestaltung: Susanne Lutz
unter Verwendung der Illustrationen von © Benjamin Arnold; © mohamed_hassan – pixabay.com; © EH Grafik – stock.adobe.com; © Fiedels – stock.adobe.com; © SylwiaNowik – stock.adobe.com; © paullouis – stock.adobe.com; © Design Studio RM – stock.adobe.com
Kartendesign: Kim-Anna Bucher / Susanne Lutz
Druck: AZ Druck und Datentechnik GmbH, Kempten
Printed in Germany
ISBN 978-3-8392-2925-5

UM KITZINGEN HERUM

UM WÜRZBURG HERUM

UM ASCHAFFENBURG HERUM

ZU GAST IN MAIN- UND WEINFRANKEN

Eine Einladung

Wir sind Mitte. Das können die Unterfranken durchaus behaupten. Mitten in Europa gelegen. Fünf Autobahnen erschließen die lebenswerte Region. Würzburg ist Intercity-Knotenpunkt, die Flughäfen Frankfurt und Nürnberg sind rasch erreichbar.

Mainfranken nennen viele das Gebiet. Damit wird der kulturelle Kontext beschrieben. Man versteht darunter das Maingebiet um Würzburg, Bamberg und Aschaffenburg. Leider erhielt der Begriff eine besondere Bedeutung unter den Nationalsozialisten, die den NSDAP-Gau und den Regierungsbezirk so benannten. Da die Bezeichnung nach 1945 als belastet galt, hieß der Regierungsbezirk seit 1946 (wieder) Unterfranken. Und dann hört man noch den Begriff »Weinfranken«, der allerdings nicht ganz deckungsgleich ist. Das Weinbaugebiet Franken liegt im Nordwesten der Region, hat etwa 6.000 Hektar Anbaufläche und ist damit eines der eher mittelgroßen Anbaugebiete Deutschlands. Der weitaus größte Teil der Rebflächen befindet sich in Unterfranken, aber nennenswerte Teile auch in Mittel- und kleinere Teile sogar in Oberfranken. Die Ortsbezeichnung für dieses Buch würde ich gerne mit Wein-Main-Franken beschreiben, das Land am Main, wo alles fließt. Es deckt sich natürlich weitgehend mit Unterfranken.

Alles im Fluss. Der Fluss prägt die Region landschaftlich, kulturell und wirtschaftlich. Mainfranken hat wirtschaftliches Potenzial. Natürlich dominiert der Weinbau. Aber nicht nur. Über 70.000 Unternehmen haben ihren Sitz in dieser Region. Mainfranken ist einer der zehn führenden High-Tech-Standorte in Europa.

Und schließlich Kultur und Kunst. Mainfranken ist historischer Boden. Schon 1.000 vor Christus kamen die Kelten hierher, später die Römer, noch später im Dreißigjährigen Krieg die Schweden, die eigentlich finnische Söldner waren. Die Region war und ist Schnittpunkt von Handelsrouten und Pilgerwegen. Davon zeugen heute noch historische Altstädte mit zünftigen Maueranlagen, schnuckeligen Fachwerkhäusern und lebendigen Marktplätzen. Berühmte

Architekten und Künstler haben Schlösser und Kirchen erbaut. Die Spuren von Tilman Riemenschneider und Balthasar Neumann sind unübersehbar. Unbekannter sind häufig die Schöpfer der Bildstöcke, die am Wegesrand stehen. Viele Prominente sind in der Region geboren oder haben dort gelebt und gewirkt. Allein zu den berühmtesten Würzburgern zählen Walther von der Vogelweide, Wilhelm Conrad Röntgen und Dirk Nowitzki.

Es gibt »große« Sehenswürdigkeiten und unbekanntere, die beim Vorbeifahren eher nicht auffallen. Denen ist dieses Buch auf der Spur. Bei näherer Betrachtung überraschen sie. Weil sie mehr sind, als sie scheinen. Weil sie den Besucher erfreuen, wenn er sie entdeckt hat.

Doch was für ein Besucher ist das? Ich habe mich für Sie auf den Weg gemacht, die Schönheiten von Unterfranken, von Mainfranken zu entdecken. Es war für mich auch ein Weg in meine Vergangenheit. Meine Großmutter stammt aus Obernbreit. Später wohnten wir im Raum Nürnberg-Fürth. Doch in meiner Jugend waren wir regelmäßig in Unterfranken, um Verwandtschaft zu besuchen und auf der einen oder anderen Burg herumzukraxeln. Und auch heute noch machen wir gerne Ausflüge in diese Region. Da bin ich auch meinem Namen irgendwie verpflichtet: So gibt es einen Ort namens Schwanfeld. Und ich kenne einen Schwanfelder-Clan sehr gut, der in Abtswind eine Ölmühle betreibt. In Rödelsee gehen wir gerne in die Winzerstube, in der Thomas Schwanfelder kocht. Wir sind zwar nicht verwandt, aber trotzdem kocht er einfach gut.

Eine letzte Erklärung vorab: Zu meinen Lieblingsplätzen gehören mancherorts Vinotheken, weil dies Orte sind, an denen man Wein genießen kann, aber auch »mehr« bieten: Museen, Informationen, Bibliotheken. So grenzen sie sich von den Winzern ab.

Lassen Sie sich einladen auf einen Streifzug durch Mainfranken.

Werner Schwanfelder

UM SCHWEINFURT HERUM

Friedrich Rückert war unzufrieden

Um Schweinfurt herum

»Hättest Mainfurt, hättest Weinfurt heißen können, weil du führest Wein, aber Schweinfurt, Schweinfurt sollt es sein«, bemerkte der wichtigste Sohn der Stadt Friedrich Rückert zum Namen. Vermutlich gab aber doch die für Schweine begehbare Furt der Stadt ihren Namen: 791 wurde der Name Swinfurt erstmals urkundlich belegt. Er wandelte sich sich über Suinuurde, Suinfurte, Swinvordi, Sweinvort und Sweinfurt im Laufe der Zeit zu Schweinfurt.

Vom 12. Jahrhundert an war die Stadt freie Reichsstadt. Das endete jedoch 1802, als sie in das Königreich Bayern eingegliedert wurde. Als alte Industrie- und Arbeiterstadt ist sie bis heute das Zentrum der Wälzlagerindustrie. Dennoch – Schweinfurt war nie ein Industrie-Moloch. Und heute leben Menschen jeder Couleur in der Stadt, denn es lebt sich dort gut. Es sind an die 50.000.

Schweinfurt wirbt für sich mit dem Slogan »Industrie und Kunst«, der neben den industriellen Wurzeln auch Kunst, Kultur und Wein betont. 1200 Jahre Geschichte haben sich in einem bunten Mosaik von Bauwerken im Stadtbild niedergeschlagen: moderne Architektur neben Gebäuden vergangener Jahrhunderte. Durch die Straßen weht der Geist der alten Industriepioniere, die Lebensfreude der freien Reichsbürger und der frische Wind der Gegenwart.

Schweinfurt liegt weit östlich in Unterfranken am Main, der Stadtkern weitgehend rechtsmainisch. Gleichzeitig befindet sich Schweinfurt aber auch ganz im Norden des Gebietes, das wir mit Weinfranken umschreiben. Nachdem der Main Schweinfurt passiert hat, biegt er nach Süden ab und es beginnt das Maindreieck. Im Süden wachsen die Weinreben.

Die Perlenkette meiner Lieblingsplätze beginnt bei Zeil am Main (noch etwas weiter östlich) und führt bis nach Prichsenstadt im Süden. Die meisten Plätze liegen linksmainisch. Die Auswahl fiel schwer und viele Plätze, die ich gerne besuche, konnte ich nicht aufnehmen. Hier ein paar Anmerkungen zu den Lieblingsplätzen, die ich nicht berücksichtigt habe: Vom Zeiler Käppele hat man einen wunderbaren Blick auf die Mainlandschaft. Wenn ich Zeit habe, gehe ich in Schweinfurt an der Main-Promenade spazieren – sehr kurzweilig. Das Museum Georg Schäfer ist einen Besuch wert, schon allein die Architektur ist beeindruckend. In Werneck gibt es ein großes Schloss, für das einmal ein Unternehmenskonzept gesucht war: heute gefunden, eine große Klinik. Volkach kommt viel zu kurz. Die Stadt selbst ist erlebenswert mit ihren Gärten an der Stadtmauer. Im Hinterhöfle kehre ich gerne ein, in Obervolkach findet man die beste Fischzucht weit und breit und dort, wo die Weinberge beginnen, im letzten Haus, hat ein Künstler einen Skulpturengarten wachsen lassen. Auch die Vogelsburg habe ich nicht aufgenommen; sie ist vielleicht schon zu bekannt. In Astheim befindet sich in der Kartause das Museum für christliche Bildgeschichte, deren Ausstellung spannender ist, als man sich vorstellt. In Nordheim gibt es nicht nur eine empfehlenswerte Vinothek, sondern auch den Zehnthof, in dem sich bestens essen und trinken lässt. In Dettelbach kann man den Skulpturenweg entlanggehen und in Neuses am Sand besuche ich gerne Wörners Schloss, das neben Gastronomie auch viel Kleinkunst bietet. Streift man durch Gerolzhofen, überrascht die Anmut des Städtchens. Ein Seniorenheim ist in historischen Gemäuern untergebracht und ich habe den Eindruck, dass man hier beschaulich alt werden kann. Machen Sie einfach die Augen auf, wenn Sie auf den Spuren dieses Buches durch die Lande fahren: Es gibt noch mehr zu entdecken.

Und ab und zu Pause machen! Ich trinke dann gerne einen kleinen Frankenwein. Er stärkt und macht neugierig – auf all die Lieblingsplätze.

2

Der **Hexenturm** ist nicht zu verfehlen: Er definiert die Ortsausfahrt.

Dokumentationszentrum Zeiler Hexenturm
Obere Torstraße 14
97475 Zeil am Main
09524 949861
www.zeiler-hexenturm.de

ALS WIR NOCH GEGEN HEXEN KÄMPFTEN

Hexenturm

Friedlich, ganz unschuldig gibt sich Zeil am Main als malerisches mittelalterliches Fachwerkstädtchen mit einem wunderbaren Marktplatz. Um die Altstadt herum zeugen einige Türme von der alten Stadtbefestigung. In einem dieser Stadttürme ging es im 17. Jahrhundert alles andere als friedlich zu – dort wurden nämlich der Hexerei Bezichtigte gefangen gehalten. Der Zeiler Hexenturm wurde umfassend saniert, der historische Zugang zum Turm wiederhergestellt. Dabei restaurierte man auch Überreste eines Kerkers aus dieser Zeit.

Seit 2011 beherbergt er das Dokumentationszentrum Hexenverfolgung. Mit der Ausstellung an diesem Originalschauplatz möchte man daran erinnern, dass Zeil am Main als Richtstätte des Hochstifts Bamberg Schauplatz vieler Hexenprozesse und -verbrennungen war. Nach den Unterlagen im Stadtarchiv wurden damals über 400 sogenannte Hexen verbrannt.

Die Gestalter richteten im ersten Obergeschoss eine Dauerausstellung mit Dokumenten und audiovisuellen Veranschaulichungen zur Geschichte der Hexenverfolgung ein. Eindrucksvolles Zeugnis ist das Tagebuch des Johann Langhans, der selbst Opfer wurde und seine Geschichte aufzeichnete. Es lohnt sich, für diese Aufzeichnungen Zeit zu investieren. Sie helfen, einen Zipfel dieser schlimmen Zeit zu entdecken und zu begreifen.

Auch wenn im Mittelpunkt der Ausstellung die lokale Spurensuche steht, geht die Ausstellung auch auf das generelle Thema Ausgrenzung ein, beleuchtet ihre Gründe und Mechanismen. Die Besucher erhalten Anregungen zum Nachdenken. So steht am Ende die plakative Frage: Könnte dies heute auch noch geschehen? Wenn man darüber ernsthaft nachdenkt, wächst einem statt einer einfachen Antwort Gänsehaut – auch im schönen Franken, im lieblichen Zeil am Main.

Ab und zu organisiert das Dokumentationszentrum einen Rundgang durch die nächtlichen Gassen. Ohne Straßenbeleuchtung. Im Schein der Fackeln durch die Altstadt.

8

Weinhaus Nüßlein
Marktplatz 1
97475 Zeil am Main
09524 279
www.weinhaus-nuesslein.de

Bester Wein im schönsten Haus

Weinhaus Nüßlein

Das Weinhaus Nüßlein kann man nicht übersehen, weil das Weingeschäft in einem der schönsten Häuser am Marktplatz untergebracht ist. Vor ein paar Jahren kaufte Roger Nüßlein das Nachbarhaus und richtete dort eine helle, moderne Vinothek ein, in der man sich den Wein der Nüßleins schmecken lassen kann.

Die Weine aus Zeil am Main und besonders die vom Weingut Nüßlein haben schon viele Preise eingesammelt. Besonders erfolgreich war das Premium-Sortiment *1er Traube*. Der Ertrag der Trauben ist gering, aber die Qualität bestens – Handarbeit eben. Besonders zu empfehlen: der Riesling aus dem Eulengrund, ein kräftiger, würziger Wein mit einer dezenten Frucht.

Die Besitzer des Weinhauses Nüßlein betreiben in der vierten Generation Weinbau in Zeil am Main. Schon der Urgroßvater von Roger Nüßlein hat in der Region seine Weinberge bestellt. Das war damals aber gar nicht so einfach. Ihm ist sogar zu verdanken, dass es einen Weinanbau am Obermain nach den Wirren der Nachkriegszeit noch gab. Aber insbesondere sein Sohn Anton, ein Visionär, entwickelte in Zeil wieder eine blühende Weinbauregion, machte sich für die Wiederbelebung des Weinbaus und für die Flurbereinigung stark. Nicht überall führte sein Engagement zu einem neuen Flächennutzungsplan, so kaufte er manche kleine Parzelle auf, um zu einer Fläche zu kommen, die sich besser bewirtschaften ließ. Er wagte sich auch wieder an den Anbau von Riesling, Burgunder und Rotwein bis hin zum Eiswein. Am besten kann man selbst einen Eindruck von diesem Wein-Schaffen bekommen, wenn man entlang des Weinwanderweges Abt-Degen-Steig schlendert.

Abt Degen? Alberich Degen führte die aus Österreich stammende Silvanerrebe 1665 in Franken ein. Er war der Abt des Zisterzienserklosters, zu diesem Zeitpunkt 40 Jahre alt und stammte selbst aus Zeil.

Das Haupthaus ist das schönste Fachwerkhaus am Marktplatz. Hier befindet sich das Ladengeschäft, aber auch die Vinothek.

4

St.-Johannis-Kirche
Martin-Luther-Platz
97421 Schweinfurt
09721 53315210
www.schweinfurt-stjohannis.de

EINE BUNTE, FUTURISTISCHE HIMMELSWELT

Altarbild von St. Johannis

Die St.-Johannis-Kirche ist die evangelische Hauptkirche Schweinfurts, wie alle evangelischen geöffnet. Sie ist übrigens das einzige noch erhaltene mittelalterliche Gebäude der Stadt, stammt wohl aus dem 12. Jahrhundert, und ist 1542 mit der gesamten Bevölkerung Schweinfurts konvertiert.

Drinnen merkt man: Berühmt ist die Kirche für ihr Stilgemisch, also Kostproben aus fast allen Kunstepochen. Ein Bilderbuch der Kunstgeschichte, inklusive seltener Übergangsstile. Das wird durchaus unterschiedlich gewürdigt.

So ist es fast keine Überraschung, dass auch das Altarbild von Adolf Kleemann (1904–1989) ein Objekt der Diskussion ist. Es ist sehr dicht gehalten, kontrastiert trefflich mit der Umgebung, was zunächst durchaus störend wirkt. Man muss sich erst auf das Altarbild konzentrieren, sich damit beschäftigen. So schreibt die Gemeinde: »Das Bild prägt sich ein und darüber können wir uns nur freuen.«

Es ist ein Auferstehungsbild. Aber Kleemann malt Christus nicht als lächelnden Sieger, sondern eher als ein Objekt, das in eine bunte, futuristische Himmelswelt gezogen wird. Darunter breitet sich die irdische Welt aus mit Wohnblocks und purem Alltagsleben. Doch finden wir auch Adam und Eva. Eva hält noch den verlockenden Apfel unangebissen in der Hand. Die Entscheidung gegen das Paradies wurde noch nicht getroffen.

Wichtigste Person ist in der Mitte eine Frau im gelben Kleid der Eitelkeit, mit langer Zigarettenspitze, irgendwie herausfordernd. Symbol für die Oberflächlichkeit, für die Nichtigkeiten der Welt. Wir verfallen so oft diesen Nichtigkeiten und nehmen keine Notiz vom Leid des Menschen und auch nicht von der Hoffnung der Auferstehung. So packt das Bild den Betrachter an Herz und Seele. Dieses Bild ist einen längeren Besuch der Kirche wert.

St. Johannis ist eine Radwegekirche. Sie liegt am Main-Radweg und ist auf Fahrradtourenkarten als Sehenswürdigkeit verzeichnet.

5

Schrotturm
Zugang von der
Rosengasse
97421 Schweinfurt

Tourist-Information Schweinfurt 360°
Rathaus
Markt 1
97421 Schweinfurt
09721 513600
www.tourismus.schweinfurt.de

WIE STELLT MAN SCHROT HER?

Schrotturm

Man kann ihn nicht übersehen. Seit fast 400 Jahren prägt der Schrotturm die südliche Altstadt. Es ist ein markanter Anblick. Steht er nicht sogar ein bisschen schief?

Erbauen ließ ihn Balthasar Rüffer III. als Treppenturm eines Renaissance-Hauses (1611–1614). Eine Provokation sollte die dreifache Kuppelhaube damals sein: Sie sollte vom katholisch geprägten Umland abgrenzen, die politische und religiöse Eigenständigkeit der Freien Reichsstadt demonstrieren. Das ist jedoch Vergangenheit. Die Kuppelhaube wurde ersetzt durch einen eher kegelartigen Dachabschluss.

Wichtig war insbesondere eine Nutzungsänderung im 19. Jahrhundert. Der Turm diente zur Herstellung von Schrotkugeln. Die Geschäftsidee war einfach und simpel: Wie stellt man Schrot her? »… man verfertigt dasselbe, indem man geschmolzenes Bley von einer Höhe von 150 Fuß herabfallen lässt, welches während des Falls eine vortreffliche runde Form bekommt, und im Wasser aufgefangen wird.« So Johann Georg Krünitz in seiner *Ökonomisch-technologischen Enzyklopädie*.

Der Unternehmer und Schroterfinder Johann Christian Voit brauchte nun einen Ort, an dem er die Schrotkugeln fertigen konnte. Dazu stockte er 1818 den ursprünglichen Rüfferturm, so bis dahin sein Name, auf fünf Etagen auf. Mit dem Schweinfurter Schrot war Voit wirtschaftlicher Erfolg beschieden, die Fabrik bestand bis 1912. Damit hatte der Turm jedenfalls einen neuen Namen bekommen.

Doch das Gebäude zeigt sich heute etwas anders als zu Zeiten der Schrotfabrik: Nur der Südflügel, ein Teil des Nordflügels sowie der Turm bestehen noch. Allerdings sind diese umfassend restauriert und erfüllen ihren Zweck als Bürgerhäuser.

Der Schrotturm ist dennoch ein sehenswerter Blickfang und zugleich ein malerisches Schmankerl mitten in der Innenstadt.

Besichtigung während der Bürozeiten der Rückert-Gesellschaft im Schrotturm (www.schweinfurtfuehrer.de/vereine/kulturvereine, 09721 25377).

6

Kunsthalle Schweinfurt
im ehemaligen Ernst-Sachs-Bad
Rüfferstraße 4
97421 Schweinfurt
09721 514721
www.kunsthalle-schweinfurt.de

EIN SCHWIMMBAD ALS KUNSTHALLE

Kunsthalle

Schweinfurt ist stolz auf seine Industrie und auf die Persönlichkeiten, die sie erschaffen haben. Diese haben der Stadt auch mancherlei hinterlassen, die Stadt die Denkmäler gerne in Anspruch genommen. Das Museum Georg Schäfer zum Beispiel oder das Schweinfurter Volks- und Hallenschwimmbad, ein Geburtstagsgeschenk des Industriellen Ernst Sachs an die Stadt. Es wurde 1933 fertig gestellt, ein Bau mit intensiver Symbolik. Der repräsentative Vorplatz und die Baukomposition sollten Übergang zu den neuen Baugebieten im Westen der Stadt sein. Aber nichts ist für die Ewigkeit. Im Krieg zerstört, geschlossen, wiedereröffnet, von der Bevölkerung nicht mehr so richtig angenommen.

Wenn man nicht weiterweiß, muss Kunst helfen. 2003 entschied sich der Stadtrat für die Umnutzung als neues Domizil für die städtische Galerie. Das Hallenbad mit seiner Architektur ist die Hülle für die neue Kunsthalle. Die Raumelemente aus der Bade-Epoche sind noch vorhanden. Der Innenhof ist frei zugänglich. Helle Wände und Decken, eine durchgängige Lichtführung unterstreichen die Architektur. Der massive Steinboden betont die Bodenständigkeit.

Heute ist es ein Zentrum für die Kunst der klassischen Moderne bis hin zur Gegenwartskunst, ein kultureller Kontrast zum Museum Georg Schäfer auf der anderen Seite der Stadt. Wir finden eine Sammlung der deutschen Kunst nach 1945 und die Sammlung Joseph Hierling mit Werken des Expressiven Realismus aus der Zeit zwischen den beiden Weltkriegen. Die beiden Sammlungen passen gut zueinander. Darüber hinaus hat man auch Platz für repräsentative Sonderausstellungen. Die Kunsthalle hat sich gemausert, Ansehen weit über Mainfranken hinaus gewonnen. Das ist wichtig für eine Stadt, die sich kulturell einen Namen machen will. Durchaus gelungen. Besuch zu empfehlen.

Seit 1984 gibt es in Schweinfurt eine Galerie für zeitgenössische Kunst. Im Mai 2009 konnte die neue Kunsthalle im ehemaligen Ernst-Sachs-Bad bezogen werden.

7

Bildstockweg
Startpunkt: **Fränkisches Bildstockzentrum Egenhausen**
St.-Johannes-Straße 73
97440 Werneck-Egenhausen
09722 2262
www.bildstockzentrum.de

ZUR ORIENTIERUNG UND ZUR MEDITATION

Bildstockweg ab Egenhausen

Sie stehen selbstverständlich wie ein Baum auf der Erde – und fallen nur flüchtig auf. Wir Franken sagen Bildstock dazu, in Österreich und Bayern nennt man sie auch Marterl oder Marter, Wegstock oder Kreuz und die Schweizer sagen dazu Helgenstöckli.

Die Bildstöcke sind Abbild der Volksfrömmigkeit. Sie markieren Wege, aber bieten auch Anstoß zur Meditation. Meist haben Menschen sie gestiftet, die damit etwas Besonderes ausdrücken wollten: Sie sind ein Symbol für Dankbarkeit angesichts überstandener Gefahren oder Seuchen oder Erinnerung an Unglücksfälle oder Personen. Gefertigt aus Holz, Stein oder Mauerwerk sind sie in ihrer Form sehr vielfältig.

An manchen Orten häufen sie sich. Dann wird ein Museum eingerichtet oder ein Wanderweg von Bildstock zu Bildstock installiert. In der Alten Schule von Egenhausen – einem Ortsteil des Marktes Werneck – befindet sich das Herzstück des Fränkischen Bildstockzentrums. Auf fast 1.000 Quadratmetern kann man sich aufklären lassen über die Kulturgeschichte dieser christlichen Wegmarken: anschaulich, unterhaltsam, interaktiv und multimedial. Aber erleben und verstehen lassen sie sich am besten an ihren originalen Standorten, in den Dörfern und Fluren der fränkischen Landschaft. Das Fränkische Bildstockzentrum hat daher Rundwanderwege ausgewiesen. Sie beginnen alle in Egenhausen und erschließen den Bildstockreichtum der Region. Auf zur Wanderung.

Ein häufiges Motiv ist »Maria mit dem Kind«, in Stein und Holz gleichermaßen. Vielfach werden auch Heilige dargestellt. Manche Bildstöcke sind im Laufe der Zeit zu kleinen Kapellen geworden. Doch auch ohne Erweiterung sind die meisten sehr schön anzusehen und Spannung und Erwartung gleichermaßen begleiten den Wanderer. Zeit sollte man sich lassen, schlicht Landschaft und Sonne in Ruhe genießen, an den Bildstöcken verweilen.

In Egenhausen befindet sich ein Informations- und Kompetenzzentrum für Bildstöcke. Hier gibt es Kartenmaterial über die Bildstöcke im Oberen Werntal und eine Datenbank.

8

Klosterkirche Heiligenthal, Familie Wirth
Heiligenthal 1
97523 Schwanfeld
09384 1510
www.schwanfeld.de
Von Schwanfeld aus dem Heiligenthalgraben folgen.

Bandkeramik Museum
Pfarrgasse4
97523 Schwanfeld
09384 97300 (Verwaltungsgemeinschaft Schwanfeld)
www.schwanfeld.de

VOM KLOSTER ZUM BAUERNHOF

Kloster Heiligenthal

Eine der ältesten Spuren jungsteinzeitlicher Bauern in Deutschland findet sich in Schwanfeld. Belegt ist, dass hier vor rund 7.500 Jahren Bandkeramiker Ackerbau betrieben und in Häusern lebten. Dies kann man im Museum nachprüfen.

Nach den frühgeschichtlichen Funden wurde Schwanfeld das erste Mal 772 urkundlich erwähnt. Jutta von Fuchsstadt gründete 1234 das Kloster Heiligenthal. Sie war die erste Äbtissin des Zisterzienserinnenkloster und wurde später als Jutta von Heiligenthal selig gesprochen. Die Schwanfelder bezeichnen das Kloster auch heute noch als sehr wichtigen Bau; er dokumentiert schließlich eine Glanzzeit der Schwanfelder Ortsgeschichte. Doch das Juwel ist gar nicht so einfach zu finden, befindet sich einen Kilometer außerhalb des Ortes, Hinweisschilder sind selten und die Straße ist eng. Und dann landet man schließlich auf einem Bauernhof.

Der Eingang am Wohnhaus beweist, dass man es mit historischem Gemäuer zu tun hat. 1579 löste Fürstbischof Julius Echter das Kloster auf und von da an nutzte man es nur noch landwirtschaftlich. Dabei wurde der westliche Gebäudekomplex, in dem die Nonnen gelebt hatten, zu Scheune und Getreidespeicher umgebaut, 1610 ließ Julius Echter das Wohnhaus neu errichten. Nur der östliche Teil blieb erhalten, die Kirche. Seit 1951 ist sie im Besitz der Familie Wirth. Die Kirche wirkt vom Bauernhof aus gesehen wie eine Scheune mit einem großen Scheunentor. Erst muss man um die Mauern des Hofes herumgehen, dann erkennt man den imposanten Bau. Sie steht zwar unter Denkmalsschutz, was aber nicht bedeutet, dass sie irgendwie gepflegt wird. Der Zutritt ist nur möglich, wenn man jemanden von der Bauersfamilie findet, der aufsperrt. Trotz allem: Die Kirche ist imposant und die Umwidmung zum Bauernhof wirkt irgendwie stark.

Bandkeramiken sind nicht jedermanns Sache. Vielleicht sollte man hier eine Ausnahme machen, allein wegen des Alters.

9

Jüdischer Friedhof
Ludwig-Gutmann-Weg
97523 Schwanfeld

Das Dorf über die Obereisenheimer Straße verlassen und auf den ungepflasterten Ludwig-Gutmann-Weg einbiegen.

PFADFINDERGEIST NOTWENDIG

Jüdischer Friedhof

Es gibt in Franken viele Jüdische Friedhöfe. Ihnen ist meistens gemein, dass sie in den Ortschaften nicht ausgeschildert sind. Sie liegen außerhalb und es gehört etwas Pfadfindergeist dazu, sie zu finden. In Schwanfeld ist dies anders. Bereits am Ortsschild erfährt man, dass es hier einen solchen gibt – sozusagen als Sehenswürdigkeit. Die Hinweisschilder sind dann aber auch so selten, dass man ihn kaum findet – wäre nicht die Ortskarte. Auch dieser Jüdische Friedhof liegt recht weit außerhalb der Ortschaft. Kein asphaltierter Weg führt zu ihm, nur ein Wiesenrain. Dann ein Zaun. Dahinter zwei Reihen Gräber, eher ungepflegt. Also doch keine so große Sehenswürdigkeit.

Urkundlich nachweisen kann man den Friedhof seit 1604. Damals gestattete der Grundbesitzer Konrad von Grumbach, Amtmann zu Karlstadt, die Beisetzung der Juden am Untereisenheimer Weg auf Schwanfelder Gemarkung. Das war Ödland, für nichts sonst zu gebrauchen, also konnte man es den Juden auch als Friedhof gönnen. Zu dieser Zeit durften die Juden in Schwanfeld auch Unterricht geben und ein jüdisches Gericht halten. Interessant ist allerdings die Passage, dass dieser Kauf auch Gültigkeit habe, wenn der Flecken Schwanfeld an einen anderen Herrn verkauft werden solle.

Bis 1940 wurde der Friedhof genutzt. Juden von Dettelbach bis Eisenheim und Rimpar wurden hier bestattet. Augenscheinlich war Schwanfeld ein jüdisches Zentrum in Mainfranken. 1938 stellte man den Friedhof unter Naturschutz, was vielleicht ein ganz geschickter Schachzug war, da sich kaum mehr jemand um ihn kümmerte und sich die Natur seiner erbarmte.

In Erinnerung an den letzten in Schwanfeld geborenen jüdischen Mitbürger, der am 1. Februar 1984 im hochbetagten Alter von 82 Jahren verstarb, erhielt der zum Jüdischen Friedhof führende Holperweg den Namen Ludwig-Gutmann-Weg.

Der Jüdische Friedhof steht unter der Obhut des Landesverbandes der Israelitischen Kultusgemeinde in Bayern.

10

Windmühle
Zwischen 97241 Dipbach
und 97247 Eisenheim

DON QUIJOTE KÄMPFT NOCH IMMER

Windmühlen

Wind in Unterfranken? Der Wind des Wandels weht auch hier: Wenn man von Eisenheim nach Dipbach fährt, kommt man auf der Anhöhe an einem Feld voller Windmühlen vorbei. Die Dörfer sind dagegen Sturm gelaufen. Sie wollten keine Windräder an der Mainschleife, sie beeinträchtigen nur das Leben, verunstalten die Landschaft. So haben sich die Menschen organisiert: für den Erhalt der Kulturlandschaft Mainschleife und gegen den Bau von Windkraftanlagen.

Im Rahmen der Energiewende hat der Protest nicht viel genutzt. Es wurde gebaut. Und nun stehen die Windmühlen auf dem Feld. Sie überragen die Mainschleife, sind weithin sichtbar. Sie sind respekteinflößend hoch: 160 Meter, die Rotoren kreisen leicht und eigentlich gemütlich langsam. Ein leises Summen begleitet sie.

Und sie verschandeln nun die Landschaft? Vielleicht müssen wir uns einfach erst an ihren Anblick gewöhnen, wie man sich auch an Wolkenkratzer gewöhnen musste, an Solaranlagen auf den Bauernhöfen und an Straßen, die überall das Land durchqueren.

Sie sind mit Sicherheit ein neuer Akzent in der Natur der Mainschleife. Aber zerstören sie das Landschaftsbild? Bei tief stehender Abendsonne trete durch die Rotorenbewegung der sogenannte Stroboskop-Effekt ein, behaupten die Kritiker, der bekanntermaßen Mensch und Tier irritiert und das gesamte Maintal belästigt. Es ist gerade Abend und die Sonne geht unter. Ich kann keine irritierenden Effekte feststellen. Wie auch immer, die Entscheidung ist gefallen, für die Energieversorgung, für erneuerbare Energien, für einen Riesen-Windmühlen-Park an der Mainschleife. Ich würde in diesem Fall Peter Altmaier zustimmen, der einmal sagte: »Jede Erneuerung braucht Zeit, bis sie auch glaubwürdig wirkt.«

Hoffentlich hat das keinen Einfluss auf die Weinqualität. Der Geschmack des Frankenweins muss erhalten bleiben. Wenn dies nicht garantiert wäre, würde auch ich protestieren.

Dipbach liegt etwa vier Kilometer östlich der Gemeinde Bergtheim auf der Hochfläche des Maindreiecks.

11

Weingut Hirn
Dipbacher Straße 8
97247 Untereisenheim
09386 388
www.weingut-hirn.de

WO DER WEIN BUNT SCHMECKT

Weingut Hirn

Da steht am Fuße eines Weinberges in Untereisenheim ein buntes Haus mit wenigen geraden Linien. Staunen ist angesagt. Vom Hausherrn erfährt man die Geschichte: Zuerst stand die Idee, ein Haus zu bauen, so farbenfroh und unkonventionell wie Hundertwasser. 1999 begann die Planung. Leider verstarb der Künstler im Februar 2000. Die Gestaltung des »Weinparadieses« wurde von einem Architekten weitergeführt und vollendet, der mit Friedensreich Hundertwasser schon gemeinsame Projekte realisiert hatte. 2003 war dann der Lebenstraum des Winzers in Erfüllung gegangen. Allerdings darf das Haus nicht den offiziellen Titel eines Hundertwasserhauses führen, steht also auch nicht auf der Werkliste von Hundertwasser. Der Weinbauer bemerkt, dass es vielleicht ganz gut war. So hat er zumindest ebene und barrierefreie Böden eingezogen, damit er mit dem Sackkarren seine Weinkisten problemlos transportieren kann. Solche praktischen Erwägungen hätten vermutlich nicht in das Originalkonzept von Hundertwasser gepasst.

Das Weingut Hirn fällt auf. Kunstwerke stehen im Garten, lustige Geschöpfe, und man ist froh gestimmt, wenn man das Weingut betritt. Eine Abbildung des Hauses ziert auch jedes Etikett der Flaschen einer der zehn Rebsorten, die das Weingut Hirn im Angebot hat.

Man überlegt unwillkürlich. Will der Hirn durch seine Architektur auffallen oder durch seine Weine? Das Haus fällt zweifelsohne auf – aber auch die Weine. Fast jeder 0,75-Liter-Flaschenwein des Winzers wurde bislang mit einer Medaille ausgezeichnet. Zudem hat er den Ehrenpreis des Landkreises Würzburg für herausragende Leistungen bei der *Fränkischen Weinprämierung* erhalten. Ich habe bei ihm einen Spätburgunder trocken getrunken und war begeistert.

»Fortschritt ist Rückschritt, und der Rückschritt wird zum Fortschritt«, sagt Friedensreich Hundertwasser. Was er damit wohl gemeint hat?

Man kann sich im Weingut Hirn nicht nur am Wein laben, sondern auch übernachten, wenn man für die Rückfahrt zu erschöpft ist.

12

Privatbrauerei
Friedrich Düll
Landstraße 4–8
97332 Volkach-Krautheim
09381 71089410
www.krautheimer.com

BIERBRAUER IM WEINTRINKER-LAND

Privatbrauerei Friedrich Düll in Krautheim

Krautheim liegt mitten im Weinland, gehört zur Wein-Stadt Volkach – doch hier wird Bier gebraut. Es mag am Wein-Land liegen, dass es in Unterfranken nicht so viele Brauereien gibt. Und dennoch wird natürlich auch hier Bier getrunken – und wenn es auch nur gegen den Durst ist.

Der Ort ist mehr als 1.100 Jahre alt, aber die Brauerei gibt es »erst« seit 1654. Heute ist sie im Besitz der Familie Düll – in der fünften Generation. Zur Brauerei gehört eine eigene Mälzerei, in der die fränkische Gerste nach strengen Qualitätsrichtlinien vermälzt wird. Der Herstellungsprozess vom Acker bis zur Abfüllung wird lückenlos verfolgt. Regionalität ist das Erfolgsrezept: Sämtliches Getreide stammt von den Landwirten aus der Region, auch die Hefe ist selbstgemacht. Zur Verwendung kommen ausschließlich Brauwasser aus eigenen Brunnen, Malz aus eigener Herstellung und Doldenhopfen. Alles sozusagen selbst »gewachsen und gemacht«. Kurzum: Das Bier wird unter strikter Einhaltung des Reinheitsgebotes gebraut.

Wie es schon die Vorfahren bewerkstelligten, werden die Biere im Gärkeller kalt vergoren. Später kommen sie in den Lagerkeller. Das Bier hat Zeit. In großen Kellern, zwischen null und zwei Grad, lagert es mindestens acht Wochen. So reift das Bier und sein Geschmack. Auch wenn diese lange Lagerung zeit- und kostenaufwendig ist, besteht der Brauer darauf. So schmeckt das Bier besser.

Das stärkste Produkt ist ein dunkler Doppelbock. Dunkel, deutlicher Geschmack nach Malz, dennoch mild und ausgewogen. Feines Karamellaroma, der Hopfen ist hinter dem Malz nur schwach zu schmecken. Zu 100 Prozent aus dunklem Malz hergestellt. Und richtig kräftig mit 7,8 Prozent Alkoholgehalt und 18,5 Prozent Stammwürze. Er wird aber nur zu bestimmten Zeiten hergestellt. Dann strömen die Volkacher in die Brauerei, um ihren dunklen Doppelbock abzuholen. Wohl bekomm's.

Es gibt einen idyllischen Biergarten, der bei schönem Wetter gut besucht ist. Der Verzehr von mitgebrachten Speisen ist ausdrücklich erwünscht – das Bier kommt aus dem Fass.

13

Wallfahrtskirche Maria im Weingarten
Kirchbergweg
97332 Volkach
www.pg-mainschleife.de

Die Kirche liegt auf dem Volkacher Kirchberg, mitten in den Weinbergen.

AUFERSTEHUNG ÜBER DEN WEINBERGEN

Wallfahrtskirche Maria im Weingarten

Sie liegt mitten im Weinberg, wie der Name schon sagt, und war bis ins 15. Jahrhundert Pfarrkirche von Volkach, damals noch dem heiligen Bartholomäus geweiht. Erst als Volkach im 15. Jahrhundert Stadt wurde, baute man im Tal eine neue Kirche und nahm auch den Bartholomäus mit.

Bereits im 14. Jahrhundert begannen die ersten Marienwallfahrten. Immer mehr Menschen schlossen sich den Prozessionen an. Auch wenn man heute die Kirche besucht, kommen die meisten Menschen aus einem Grund: Sie möchten das Bildnis *Maria im Rosenkranz* im Chorbogen bestaunen. Es stammt von keinem geringeren als Tilman Riemenschneider (1521). Dieses Kunstwerk ist natürlich begeisternd, wenngleich die Kirche selbst etwas barocklastig ist.

Es könnte jedoch auch sein, dass jemand wegen des Altargemäldes zur Kirche im Weinberg kommt. Manche Besucher verstörte das Altarbild jedoch auch. Viele vermuteten, dass das Bild noch nicht fertig ist. Ein provisorischer Platzhalter für ein späteres »echtes« Bild. Nein, alles ist so gewollt, wie es sich präsentiert.

Jürgen Lenssen schuf dieses Altarbild 2002. Man kann behaupten, dass es zurückhaltend ist und somit stark kontrastiert zu den farblich dominanten Glasbildern und auch gegenüber der Rosenkranzmadonna. Das Altarbild ist ein Auferstehungsbild. Eine Auferstehung kann keine intensive Farblichkeit aufweisen, meint der Künstler. Die weiße, glänzende Christusgestalt ist nur in Schemen zu erkennen. Geht er oder kommt er? Aus seiner Hand fließen sieben rote Farbpunkte, entsprechend den sieben Sakramenten. Das ist kein Bild für eine schnelle Besichtigung. Die Besucher bemerken, dass sie sich der Aussage stellen müssen und das bedeutet: stehen, beobachten, staunen, Zeit investieren. So finde ich, dass mich dieses Altarbild mahnt, Zeit einzusetzen, um den auferstehenden Christus ein klein bisschen zu begreifen.

Zur Wallfahrtskirche führte früher von Volkach aus ein Kreuzweg. Heute ist er verkürzt: Er beginnt beim Parkplatz unterhalb des Hügels. Der Weg führt mitten durch die Rebhänge, früher als Weingarten bezeichnet, und geht in einen Weinlehrpfad über.

14

DIVINO Nordheim
Langgasse 33
97334 Nordheim
09381 80990
www.divino-nordheim.de

DER WEIN FÜR PHILOSOPHEN

Vinothek *Divino*

Es war ein Notfall: Im Jahr 1908 wird »in Anbetracht der misslichen Winzerverhältnisse« beschlossen, den Nordheimer Weinbauverein zu gründen. Zusammen sind auch die Winzer stärker. Aber erst 1951 wird die Winzergenossenschaft Nordheim von 52 Winzern und dem Ortsgeistlichen Alfons Schneider gegründet. In den folgenden Jahrzehnten wurden die Winzer von schwierigen wirtschaftlichen Verhältnissen und Missernten geplagt. Eine Zeitung berichtete: »Die Lage der Winzer ist verzweifelt.«

Doch gemeinsam haben sie auch schwierige Zeiten gemeistert. Zuletzt war 1997 zwar die Erntemenge reichlich, aber die Nachfrage rückläufig und ausländische Weinangebote drückten auf den Markt. Da begann man mit einer Qualitätsoffensive. 18 Mitgliedswinzer konnte man dafür gewinnen, unter anderem durch Ausdünnung der Trauben weniger Ertrag, aber bessere Qualität zu produzieren. Sie waren erfolgreich. Daraus entstand das *Divino*-Konzept (2001), anschließend der Bau der Vinothek *Divino* (2003). Sie bauten ein stylisches Gebäude mitten im historischen Ort, eine Weinerlebniswelt. Wie lautet die Philosophie? Hier treffen sich die Entdecker, die Genießer, die weitgereisten Weinliebhaber, sie lernen die unterschiedlichen Weinkulturen kennen. Daraus entstehen neue Visionen, neue Philosophien. Die besten Ideen werden verwirklicht. Internationale Rebsorten wie Chardonnay und rote und weiße Burgunderarten werden mit viel Feingefühl ausgebaut. Gezielter Einsatz von neuen und alten Barriques. Es entstehen interessante Weine. Wo man sie probieren kann? In der Vinothek *Divino*.

Die Nordheimer sind mit ihrem Konzept erfolgreich. Das Geheimnis? Qualität und nochmals Qualität – und Mut zu neuen Geschmacksrichtungen. Der Wein muss so beschaffen sein, dass er dem Verbraucher neue Lebensqualität schenkt. Das tut der Nordheimer Wein.

Unter *Divino* versteht man Wein und mehr: Seminare, Kunstausstellungen, Vorträge, geselliges Beisammensein. Der Veranstaltungskalender ist gut gefüllt.

15

Winzerkeller Sommerach
Zum Katzenkopf 1
97334 Sommerach
09381 80610
www.winzer-sommerach.de

Winzer im himmlischen Weinreich

Weinreich im Winzerkeller Sommerach

Nein, es ist keine neue Erfindung. Die Winzer in Sommerach haben sich schon vor über 100 Jahren zusammengefunden und visionär gedacht. 1901 haben sie gemeinsam einen Winzerkeller erbaut. Die Betonung liegt auf gemeinsam.

Visionär bedeutet aber auch, dass man immer wieder Neues schafft. Seit Pfingsten 2006 glänzt das neue Weinreich und fasziniert seine Besucher durch die Kombination von moderner Architektur und fränkischer Tradition. Die neue Weinarchitektur passt gut in das Ortsbild am Fuße des Katzenkopfes hinein. Die Besonderheit des Baus erfährt man erst im Inneren. Hochwertige regionale Materialien dienen als Plattform für die großartigen Weine und ihre Winzer. Das honorierten auch unabhängige Beobachter, als das Gebäude mit dem deutschen Architekturpreis ausgezeichnet wurde. An der Kost-Bar kann man die großen Weine entdecken. Hier bietet sich die Möglichkeit, Neues auszuprobieren. Trockene fränkische Rebsortenklassiker wie Riesling, Silvaner und Burgunder sind zu verkosten. Jahrhundertealte Frankentrauben wie der Traminer treffen auf fruchtige Newcomer wie Scheurebe oder Bacchus. Der Geruch ist erfrischend, es duftet nach der Weite der Weinberge. Manches kann man nicht beschreiben. Aber verstehen! Deshalb gibt es im Weinreich eine Wein-Schule. Wie viel Sonne, wie viel Regen braucht die Rebe? Was bedeutet eigentlich der Begriff Mundgefühl? In der wohl einzigen Schule, in der Weintrinken nicht nur erlaubt, sondern Pflicht ist, kann man alle Fragen stellen, die einen irgendwann einmal beim Weingenuss geplagt haben.

Den Grundstein für die Weinqualität legt der Weinberg – das ist Gesetz, doch darf sie im Keller nicht verloren gehen. Den kann man natürlich auch besuchen. Dort lagern die wertvollen Tropfen, bis der Reifeprozess abgeschlossen ist. Im Weinreich wird es nie langweilig – das ist ebenfalls Gesetz.

Ausgewählte Rebparzellen, alte Rebbestände, deutlich reduzierte Erträge und oft ein Ausbau im Holzfass prägen die besonderen Weine mit dem Namen *Weinreich Eins*.

16

Weingut Zang
Zum Katzenkopf 2
97334 Sommerach
09381 9278
www.weingut-zang.de

»Alter Satz« und »Junge Franken«

Weingut Zang

Es scheint dem Betrachter so, als ob in Sommerach in jedem dritten Haus ein Winzer lebte. Das ist sicher übertrieben, aber irgendwie kann man Sommerach schon als Zentrum des Weinanbaus in Mainfranken sehen. Außerdem ist Sommerach das Tor zur Weininsel – eine Insel zwischen Flussläufen, auf der nur Weinreben wachsen.

Das Weingut Zang liegt gegenüber dem Weinreich, zu Füßen der Weinlage Sommeracher Katzenkopf. Das repräsentative Weingut hat der Winzer Leo Zang im Jahr 1953 errichtet. Damals wurde hier noch Landwirtschaft betrieben, seit 1975 widmet sich die Winzerfamilie voll und ganz dem Weinbau – mittlerweile schon in der dritten Generation.

Zwei Stichworte kann man gut mit diesem Weingut in Verbindung bringen. In der Presse geistert immer der Begriff der »Jungen Franken« herum. Darunter versteht man frische, jugendlich-fruchtige Weine. Sie erinnern ein wenig an eine kühle, erfrischende Brise an einem lauen Sommerabend, man genießt sie am besten mit Freunden in entspannter Atmosphäre. Man trinkt dann Sonne pur – ganz gleich zu welcher Jahreszeit. Vorzügliche »Junge Franken« gibt es bei den Zangs.

Und dann fasziniert der »Alte Satz«: Dieser fränkische Kulturschatz entstammt dem ältesten Weinberg Frankens von 1835, wird also von über 170 Jahre alten Rebstöcken mit über 35 teilweise nicht mehr bekannten Rebsorten gewonnen. Früher war diese Anbaumethode üblich. Man versuchte damit die Anfälligkeit der Reben für Pilzerkrankungen und Schädlinge zu minimieren. Die Überlegung: Wenn man verschiedene Sorten auf einen Weinberg pflanzt, macht man sie widerstandsfähiger. Die Komposition von Riesling und Silvaner, aber auch Elbling, Muskateller und Traminer begeistert. Kein Jahrgang schmeckt gleich, jedes Jahr gibt es eine neue Überraschung. Solche Überraschungen lassen wir uns gerne gefallen.

In Sommerach wird im Mai *Jazz und Wein in den Winzerhöfen* gefeiert. Das Weingut Zang ist auch dabei. Eine gute Kombination: den Wein probieren, dem Jazz lauschen.

17

Weingut Schloss Hallburg
Hallburg
97332 Volkach
09381 2415
www.weingut-schloss-hallburg.de
www.schoenborn.de

GRÄFLICHER WEIN IM SCHATTEN DER BURG

Schloss Hallburg

Die Hallburg ist ein guter Ort zum Rasten. Man sitzt gerne draußen im Bier- und Weingarten unter dem großen Blätterdach gewaltiger Kastanien, Linden und Akazien. Man sollte sich bei einem erfrischenden Schoppen vergegenwärtigen, dass das Pflaster, auf das man tritt, über 400 Jahre alt ist.

Die Burg, deren Geschichte zum Teil im Dunkeln liegt, war bis 1230 im Besitz der Grafen zu Castell. Spätere Besitzer waren die Schenken von Stauffenberg. Nach der Säkularisation 1806 kam die Hallburg an die Familie von Schönborn. Lauter illustre Namen.

Wie viele andere Burgen auch wurde die Hallburg mehrfach zerstört und wiederaufgebaut. Dabei nahm das bebaute Areal allerdings zunehmend an Größe ab. Die Burg war wohl früher doppelt so groß wie heute. Aus dem 13. Jahrhundert stammen die Reste eines Rundturms.

Gegenüber dem Schloss befindet sich die Vinothek des Weinguts Graf von Schönborn. Das Gut erstreckt sich über 30 Hektar Fläche, auf der echt fränkische Sorten wachsen: Silvaner, Riesling, Bacchus, Müller-Thurgau, Traminer, Weiß- und Spätburgunder.

Der Hallburger Schlossberg wird von Riesling und Silvaner eingenommen, geschützt durch Wald und Mauer. Durch die Ausrichtung nach Süden verstärkt sich die Wirkung der Wärme und gedeiht der berühmte Lagenwein des Guts.

Die Hallburg bietet dreierlei: ein Schloss mit einem Biergarten und einem Restaurant. Dort kann man sich kulinarisch verwöhnen lassen. Das Weingut mit einer kleinen Vinothek. Dort kann man sich von den Inselweinen verführen lassen. Und drittens ein vielfältiges Kulturangebot: Musik, Jazz, Kleinkunst an den Wochenenden. So schmeckt der Wein noch besser. Besonders schön sind die musikalischen Frühschoppen: Wein und Musik gemixt. Und wenn die Sonne scheint, kann man über das Land hinwegsehen, die Weinreben begutachten und seine Gedanken spazieren gehen lassen.

Im Sommer ist auf der Hallburg Musiksommer: Frühschoppen mit Jazzmusik jeden Sonntag, bei gutem Wetter natürlich im Burghof.

18

Meditationsweg
Startpunkt: **Weinbau Düll**
Köhlerstraße 5
97337 Dettelbach-Neuses
am Berg
09324 840
www.weinbau.duell.de
www.neuses-am-berg.de

WAS DIE BIBEL ZUM WEIN SPRICHT

Bibel-Wein-Pfad in Neuses am Berg

Ein kluger Mensch hat gezählt, dass es in der Bibel über 200 Stellen gibt, die sich mit Wein beschäftigen. Im Alltagsleben der Weinbauern waren Wein und Bibel schon immer eine gute Kombination. In Neuses am Berg hat man dem Rechnung getragen und einen acht Kilometer langen Meditationsweg angelegt, im Verlaufe dessen man sich über die biblischen Weinworte informieren kann.

Neuses am Berg liegt, wie der Name sagt, angeschmiegt an den Berghang, der sich von der Mainschleife her hochzieht bis auf die Höhe des Maindreieck-Plateaus. Die Weinhänge atmen die Ruhe und zeigen die Schönheit eines Gottesgartens.

Neuses wurde 1330 urkundlich erwähnt als »Nuzez apud Tetelbach«. Seit der Reformation ist der Ort konfessionell zweigeteilt. Die würzburgischen und die ansbachischen Herrschaften teilten sich seit jeher ihre Untertanen und Besitzungen peinlich genau. Aus Proporzgründen und auf richterliche Anweisung hat der Ort zwei gleichartige Kirchtürme für seine Kirchen, welche weithin sichtbar, nah vereint ins Maintal grüßen.

Der Weinbau in der Hanglage ist beschwerlich. So ist es notwendig, innerlich leutselig-froh zu sein. Davon zeugt vielleicht der humorgeprägte Weinlagenname *Neuseser Glatzen*. Und das mag auch der Grund für den Meditationsweg gewesen sein. In der Genesis steht, so beginnt der Meditationsweg: »Noah wurde der erste Ackerbauer und pflanzte einen Weinberg. Er trank von dem Wein, wurde davon betrunken und lag entblößt in seinem Zelt.« Gleich dahinter steht der Kreuzschlepper, eine archaisch anmutende Figur, die schwer an einem Kreuz trägt. Bei diesem Anblick vergeht dem Betrachter der Frohsinn. Auf dem Weg werden wir aber vom Wein überzeugt, denn Jesus Sirach sagt (31,34): »Wein ist geschaffen, dass er die Menschen soll fröhlich machen.«

Der Meditationsweg ist in zwei Runden aufgeteilt: Die kleine Runde dauert eine Stunde, die große Runde zwei. Beide Rundwege sind leicht zu begehen.

19

Main-Street-Café
Direkt an der B 22
Hans-Kleider-Straße 2
97337 Dettelbach
09324 978958
www.main-street-cafe.de

DIE COOLSTE LOCATION DER GEGEND

Main-Street-Café

So etwas braucht's im braven Mainfranken: eine Industriehalle, die ein Architekt rot angestrichen hat. Sonst nichts. Die Sonnenschirme sind gelb, damit sie kontrastieren, wenn sie aufgespannt sind. Eine große Terrasse. Innen ebenfalls das Flair einer Fertigungshalle. Die Heizungsrohre verlaufen klobig an der Decke. Ein Billardtisch am Eingang, eine lange Theke, brave Tische und Stühle. Was ist daran cool?

Es ist der beliebteste Bikertreff zwischen Bamberg und Würzburg. Nebendran ein Factory-Outlet von Starpaint, was natürlich bestens zur Klientel passt. So kann man fachsimpeln über die schärfste Bemalung der Maschine. Sonst nur Industriebauten. Da kommen die Fabrik- und Büroarbeiter in der Mittagspause. Und gar nicht weit entfernt die Frankenhalle, drei stützenlose Hallen mit 3.000 Quadratmetern Nutzfläche. Aber ästhetisch eine Verirrung. Da kommen die Besucher an den Wochenenden. Die Biker treffen sich am Abend, mit Vorliebe am Wochenende, wenn es auch noch Live-Musik gibt, die rockigsten Bands zwischen Bamberg und Würzburg. Die können laut und lang musizieren, denn niemanden stört's in dieser Ecke des Frankenlandes.

Es gibt amerikanische Küche: viele verschiedene Arten von Burgern, Chicken Wings, Pizzen, Rumpsteaks, Spareribs, Salaten … einfach alles, was das Biker-Herz begehrt.

Der Erfolg des Main-Street-Cafés mag auch daran liegen, dass so ein Restaurant hier niemand vermutet. Und alle anderen Optionen sind weit entfernt. Hier trifft man Gleichgesinnte – auf der Terrasse sitzen und chillen, Musik hören, mit einem mehrstöckigen Burger kämpfen. Und vielleicht sogar bis in den Abend bleiben, zumindest am Samstag, wenn dann die Post so richtig abgeht. Dann ist der Laden voll und brummt. Und draußen brummen die schweren Maschinen.

Empfehlung: Der Main-Street-Burger kommt doppelt, dreifach oder mexikanisch auf den Teller, garantiert größer als ein weit geöffneter Mund.

20

Touristinformation im Kultur- und Kommunikationszentrum (KuK)
Rathausplatz 6
97337 Dettelbach
09324 3560
www.dettelbach.de

DREI ZIELE, EIN BAU

Kultur- und Kommunikationszentrum

Mutig sind die Dettelbacher. Haben sich einen modernen Bauklotz mitten hinein in ihre Altstadt bauen lassen. Der Mut hat sich gelohnt. Fast filigran wirkt das Konstrukt aus Stein und Glas, integriert in das Baumannsche Haus, das älteste Bürgerhaus aus dem Jahre 1478. Eigentlich sind es drei Gebäude, aber so richtig merkt das jetzt keiner mehr. Die großen Glasfassaden lassen einen Kontrast zur mittelalterlichen Stadt gar nicht zu, zumal sich in ihnen auch noch die alten Gebäude spiegeln. So findet sich dort das Antlitz des historischen Rathauses mehrfach.

Das Gleiche gilt auch für das Innere, wo erstens das Pilgermuseum untergebracht ist, das an die glorreichen Zeiten der Wallfahrten erinnert, zweitens die Tourismusinformation und als Drittes eine schicke Vinothek. Dort können sich die Besucher aktuellste Hinweise zur Region und zum Weingenuss besorgen. Eine Brücke zwischen den Welten mag vielleicht die Bibliothek spielen, die Bücher aus jungen wie aus alten Tagen im Programm hat. So wird der Bau zum Schaufester der Region und zum Beweis, wie aufgeschlossen die 7.000 Dettelbacher gegenüber der Moderne sind. Das ist nicht übertrieben, weil der Bau aus einem Bürgerworkshop heraus entstanden ist, der dem Stadtrat aufgab, drei Ziele umzusetzen: neue Unterbringung der Stadtbücherei, Stärkung der Altstadt sowie die Revitalisierung der Wallfahrten. All dies leistet der Bau. Vielleicht ist der Name Kultur- und Kommunikationszentrum ein bisschen lang und sperrig, aber der Inhalt beeindruckt.

Das Konzept überzeugte bereits umfassend im Vorfeld. Nur so war es zu erreichen, dass von den Gesamtkosten von 6,4 Millionen immerhin 4,2 Millionen über Fördertöpfe von Landkreis bis Europa gedeckt werden konnten. Wenn das nicht einen guten Schluck Dettelbacher Weines aus der Vinothek wert ist.

Die Vinothek hat für jeden Geschmack etwas. Verschiedene Rebsorten, Qualitätsstufen, Winzer und Weinlagen – und eine kleine Auswahl an Obstbränden, Likören und Schnäpsen.

21

Apfelbacher Weingut-Weinkellerei
Neuseser Straße 3
97337 Dettelbach
09324 98220
www.apfelbacher-wein.de

WEIN MIT PERSÖNLICHKEIT

Apfelbacher Weingut-Weinkellerei

Apfelbacher ist die Weindynastie in Dettelbach. Der Winzer legt Wert auf die Feststellung, dass seit 1604 seine Vorfahren als Winzer und Bauern in Dettelbach ansässig sind. Die Apfelbacher schwören auf einen »integrierten Anbau«, bei dem die Gesundheit und Widerstandskraft der Reben durch eine naturnahe Versorgung mit Nährstoffen gesichert wird. Wichtig: eine möglichst schonende Verarbeitung. Das unterstützt die Kellertechnik. Pneumatische Weinpressen erleichtern die Arbeit; in den Edelstahltanks vergärt der Gerstensaft bei kontrollierter Temperatur. Modernste Filtrier- und Abfüllanlagen kommen zum Einsatz. Ohne Technik geht es heute nicht mehr. Dennoch ist es umso wichtiger, dass die Intuition des Winzers nicht zu kurz kommt. Immer noch bestimmt das Können des Winzers die Resultate. So wenig wie möglich, so viel wie nötig. Sagt er. Das fördert die Persönlichkeit der Weine. Sagt er. Der Wein hat Leib und Seele und damit einen unverwechselbaren Charakter: ausdrucksstark, aber auch mit Ecken und Kanten. Und klassisch bodenständig: Silvaner, Burgunder, Traminer, Müller-Thurgau, Bacchus, Kerner und Domina.

400 Jahre Vergangenheit bezeugen auch die Gebäude. Das Rentamt und das Frauenkloster sind Teil der Weinproduktion. Der ehemalige Zehnthof, später Franziskanerinnenkloster, jetzt Weingut, liegt gleich neben der Kirche, ein langgestreckter dreigeschossiger Massivbau mit Satteldach, über ausgedehnten, wohl frühneuzeitlichen Kellergewölben. Der Wein möge wohl ruhen.

Mit der Vinothek blickt der Winzer gestalterisch in die Zukunft. Sie bietet eine angenehme Atmosphäre; Holzvitrinen an den Wänden präsentieren vorteilhaft die Weine, Sitzecken laden ein zum Wein(ver)-kosten. Man kann allerdings auch einfach an der Theke stehen und mit dem Winzer fachsimpeln. Auf dass der Wein wohl munde.

Ein Angebot: Wein- und Genuss-Schlenderei – Wein, Dreigangmenü und ein Spaziergang durch Dettelbach. So erlebt man ein Trio der Genüsse.

22

Mainfrankenpark
Mainfrankenpark 2
97337 Dettelbach
09302 931003
www.mainfrankenpark.de

Ein monumentales Ei

Mainfrankenpark

So etwas braucht man, auch in Mainfranken. Weil die Gegend nicht nur Wein ist, sondern auch weite Welt. 1999 entstand direkt am Autobahnkreuz Biebelried der Mainfrankenpark. Dahinter verbirgt sich ein Gesamtkonzept für Freizeit, Dienstleistung und Gewerbe.

Zwei Kinos bietet der Park sowie eine Diskothek, Gastronomie, Autohof und Auto-Geschäfte, Übernachtungsmöglichkeiten und ein Gewerbegebiet. Arbeiten und Feiern sollen Hand in Hand gehen.

Von Ferne kann man das monumentale Ei mit dem Kranausleger sehen, mehr als fünf Stockwerke hoch geraten. In ihm ist die modernste Kinoeinrichtung installiert. Geboten werden natürlich nur spektakuläre Filme, die neuesten in der Welt, zwei- oder dreidimensional, Hollywood hautnah. Acht Kinosäle hat das Cineworld Multiplexkino und das 3D-Kino zeigt seine Filme auf einer gigantischen 210 Quadratmeter großen Silberleinwand.

Anschließend lassen wir uns abschleppen in eine der größten Diskotheken Deutschlands, das Capitol Music Palace. Da kann die ganze Nacht gefeiert werden. Es gibt keine lärmempfindlichen Nachbarn.

Was man sonst noch so braucht? Bowlingcenter, Burger King, Bonny's Diner und eine Spielhalle. – Einem lustigen und angenehmen Abend mit Freunden oder mit der Familie steht also nichts im Weg. Nur ein Wermutstropfen besteht: Vor den Kinokassen bilden sich meistens lange Schlangen.

Wer es nicht hektisch mag, geht zum Lebensraum. Ein Ort für kulinarische Begegnungen und Austausch zum Thema Ernährung. Hier finden Fachvorträge, Konferenzen, Schulungen und jede Menge origineller Kochkurse statt. Die Kochkurse heißen *Ein Tag am Meer, Land des Lächelns* oder *Feierabend* und es geht doch immer nur um das eine – kochen lernen. Oder besser: schmecken lernen. Nur wenn wir etwas Gutes essen, geht es auch unserer Seele gut. Das gilt auch im Mainfrankenpark.

Der Lebensraum im Mainfrankenpark Dettelbach soll Zentrum sein für gutes Essen, gute Partys und gute Geschäfte. Wohl bekomm's.

23

Klinik am Steigerwald
Waldesruh
97447 Gerolzhofen
09382 9490
www.tcmklinik.de

Von Gerolzhofen bis nach Mutzenroth fahren, dann hoch in den Steigerwald.

CHINESISCHE HEILMETHODEN IN FRANKEN

Klinik am Steigerwald

Sie ist zwar schon in Gerolzhofen ausgeschildert, aber man muss noch sechs Kilometer über Land fahren bis nach Mutzenroth. Dort ist die weitere Straße für den Verkehr eigentlich gesperrt – jedoch nicht, wenn man die Klinik besuchen will. Dann steht man auf einem Höhenzug des Steigerwalds und blickt hinab in das weite Land. Atemberaubend. Schon die Lage ist die halbe Genesung.

In China setzt man immer mehr auf westliche Medizin, in Deutschland meint man, dass die chinesische Heilkunst viele Krankheiten besiegen kann. In dieser Klinik kombiniert man die Ansätze.

Ärzte haben sie gegründet, die in ihren Praxen chinesische Medizin erfolgreich eingesetzt hatten. Bei schweren Krankheitsverläufen war dies aber nicht ausreichend. Nur eine stationäre Versorgung bietet für solche Patienten eine Heilungschance. 1992 begannen sie mit der Planung. Auf der Suche nach einem passenden Objekt fanden sie die Waldesruh bei Gerolzhofen, ein ehemaliges Erholungsheim.

Außer einigen chinesischen Schriftzügen sieht man zunächst nichts Chinesisches. Aber die chinesische Medizin dient als Grundlage, zur Orientierung. Daraus entstand ein neues Konzept, das man so beschreiben kann: Anpassung der chinesischen Medizin an die Anforderungen des modernen Gesundheitswesens.

Die Krankenkassen waren nicht so begeistert. So wurde die Klinik eher notgedrungen das erste private Krankenhaus für chinesische Medizin in Deutschland. Die Patienten haben es honoriert. Spezialität sind chronische Krankheiten, wenn andere Ärzte schon aufgegeben haben. Die Therapie fußt auf biologischen Heilverfahren. Chinesische Heilkräuter werden sogar auf dem eigenen Gelände angebaut. Wichtig ist der ganzheitliche Ansatz. Chinesische oder westliche Medizin, die Hälfte der Heilung entspringt der wunderbaren Landschaft.

TCM ist traditionelle chinesische Medizin, mehr als 2.000 Jahre alt. Wichtige Bestandteile sind Akupunktur, Massagetechniken, Bewegungsübungen und Diättherapien.

24

Stadtbrunnen
Marktplatz
97447 Gerolzhofen

Tourist-Information Gerolzhofen
Marktplatz 20
97447 Gerolzhofen
09382 903512
www.gerolzhofen.de

STADTGESCHICHTE IN BRUNNENFORM

Stadtbrunnen

Es kommt immer häufiger vor, dass Ortschaften Möglichkeiten suchen, sich darzustellen. Mit Prospekten und Broschüren – aber Papier vergeht. Granit ist beständig. So entstehen mancherorts Stadt- oder Marktplatzbrunnen, die die Geschichte, die Ortsphilosophie darstellen. Das ist ein Prozess, der von den Bürgern ausgeht, insbesondere, wenn diese auch für den Brunnen aufkommen. So in Gerolzhofen: Einwohner, Vereine, Gruppierungen sammelten, um einen Ortsbrunnen finanzieren zu können. Er ist eindrucksvoll geworden: ein Rad in Granit, Symbol für das Leben. Personen, die sich aus dem Rad abheben, die Lichtgestalten des Ortes.

An erster Stelle steht der Markgraf Gerold mit seiner Schwester Hildegard, die Ehefrau Karls des Großen war – durchaus eine vorteilhafte Verbindung für die Ortsgründung. Dann Johann Braun: Er war Bürgermeister und Bannerträger der Streitmacht des Fränkischen Städtebundes 1400. Und Julius Echter von Mespelbrunn verdanken die Gerolzhofener viele Gebäude in ihrer Stadt – auch die Stadtpfarrkirche. Aus der Zeit der Hexenverfolgungen ist auch ein Scharfrichter abgebildet: Von 1615 bis 1619 wurden 261 Menschen als Hexen hingerichtet. Für das 18. Jahrhundert steht Philipp Stöhr, ein Porträtmaler zwischen Romantik und Biedermeier, das 19. repräsentiert der Dichter Ludwig Derleth.

Auf dem Lebensrad dominiert eine Frauengruppe, Akteurinnen des Frauenaufstandes am 6.4.1945. Die SS hatte befohlen, Gerolzhofen bis zum letzten Blutstropfen zu verteidigen. Aber 800 Frauen und 200 Männer folgten dem Aufruf der Lehrerin Josefine Schmitt. Sie hissten weiße Fahnen am Rathaus und anderen Häusern. So konnten sie die Stadt kampflos an die Amerikaner übergeben. Nichts wurde zerstört, niemand kam dabei um.

Es ist erstaunlich, wie viel so ein Brunnen aussagen kann. Und das Wasser läuft stetig, wie eben auch das Leben.

Nur rund 6.700 Einwohner leben in Gerolzhofen. Sie fühlen sich in ihrer kleinen Stadt aber recht wohl – und ihrer Geschichte verbunden.

25

Hotel Freihof
Freihofgasse 3
97357 Prichsenstadt
09383 9020340
www.freihof-prichsenstadt.de

EIN BUSSORT OHNE LEBENSGEFAHR

Hotel Freihof

Unter einem Freihof versteht man ein Gebäude oder einen Platz, auf den Verfolgte (auch vor der Obrigkeit) fliehen können und Schutz vor der weltlichen Gerichtsbarkeit finden. Dort hatten sie die Chance, für ihre Übeltaten zu büßen, Wiedergutmachung zu leisten – und den Platz frei zu verlassen.

Die Geschichte des Freihofs von Prichsenstadt ist Spiegelbild der Stadtgeschichte – wechselvoll mit vielen Höhen und Tiefen. Wichtig war das Jahr 1367: Kaiser Karl IV. erhob Brisendorf zur Stadt. Sie führte von nun an den Namen Prichsenstadt – mit dem Ruf als Asyl-Stadt, Zufluchtsstätte. Als Freiung galt die gesamte Gemarkung der Stadt Prichsenstadt, nicht nur einzelne Gebäude, wie den Freihof, der seinen Namen der Tatsache verdankt, dass sein Besitzer von verschiedenen bürgerlichen Pflichten befreit war, er keine Steuern bezahlen oder Frondienst leisten musste.

Das Städtchen liegt friedlich zwischen dem Anstieg zum Steigerwald und dem Maintal. Es war im Lauf der letzten Jahrzehnte wunderbar renoviert worden, nur der Freihof verkam und blieb verkommen – bis das Gebäude 2002 ein Privatmann kaufte und in langen zehn Jahren renovierte.

Heute ist daraus ein wunderschönes Hotel geworden mit der Devise: Eintreten, wirken lassen, tief durchatmen, entspannen. In den Zimmern herrscht eine ruhige, warme Atmosphäre; modernes Design sowie hochwertige Materialien fördern Entspannung und schön gestaltete Details schaffen Vertrautheit. Das Restaurant bietet vollendete Küche. Wer nachkochen möchte, kann ein Kochseminar besuchen. Die guten Weine und Brände stammen selbstverständlich aus der Region. Wellness gibt es für die Seele und den Körper von Bad bis Massage, was man sich wünscht. So kann man gut Buße tun. Allerdings muss man hinzufügen, dass dies seinen Preis hat. Man verlässt das Hotel garantiert geläutert, verjüngt – und etwas weniger reich.

Es gibt eine Vielzahl an Kunst, Kultur und Sehenswürdigkeiten rund um den Freihof. In der Stadt kann man vieles entdecken und erleben!

UM KITZINGEN HERUM

DAS REINHEITSGESETZ UND DIE NARREN

Im Zentrum des Maindreiecks

Kitzingen ist aus zwei Gründen bemerkenswert. Zum einen wurde in dieser Stadt das Kitzinger Weingesetz von 1482 verabschiedet mit dem Ziel, der weit verbreiteten Weinpanscherei einen Riegel vorzuschieben. Die Mächtigen der damaligen Zeit beschlossen, was alles im Wein enthalten sein durfte und – vielleicht noch wichtiger – was nicht. Außerdem legte man Strafen fest für die Unverbesserlichen. Dem ersten Fränkischen Weingesetz verdanken wir einen sauberen und bekömmlichen Wein. Der Frankenwein nimmt dies für sich in Anspruch, seit 1482. Zum anderen gibt es in Kitzingen das Deutsche Fastnachtsmuseum. Es ist das offizielle Museum des Bundes Deutscher Karneval. Nun sind die Franken nicht unbedingt für überschäumenden Frohsinn bekannt, sodass diese Auszeichnung durchaus etwas überraschend wirkt. Aber vielleicht geht es nicht nur um Frohsinn, sondern um Organisation einer Fastnachtskultur. Und organisieren können die Franken natürlich gut.

Kitzingen ist die kleinste unter den großen mainfränkischen Städten, nur 20.000 Menschen wohnen hier. Sie ist Sitz des gleichnamigen Landkreises, der sich auch Weinlandkreis Kitzingen nennt. Das ist ein großes Versprechen. Die Stadt Kitzingen liegt natürlich am Main, an zentraler Stelle im Maindreieck. Im Osten erheben sich die bewaldeten Hügel des Steigerwaldes.

Die Stadt hat viel Flair. Zahlreiche Freizeit- und Erholungsmöglichkeiten und die idyllische Lage am Main bieten Erholung und Genuss. Zahlreiche kulturelle Highlights, wie Konzerte, Theaterstücke und Vorträge, Ausstellungen sowie traditionelle Feste laden die Kitzinger und ihre Gäste ein.

Wieder muss ich gestehen, dass ich eine ganze Reihe meiner Lieblingsplätze streichen musste. Die Landschaft ist einfach wunderbar, alle Orte randvoll mit Geschichte gefüllt, alte Bauten und junge Winzer machen jeden Ausflug zum Genuss.

Nicht enthalten sind Castell und die fürstlichen Weingärten. Auch das kleine, aber sehenswerte Gewürzmuseum in Abtswind fehlt. Außerdem habe ich zu meinem Leidwesen nicht aufgenommen: Ein kleines, altes Bürgerhaus in Rödelsee, in dem man zeigt, wie die Unterfranken einst gelebt haben. Über den Schwanberg könnte man viel erzählen, von den Kelten, der Communität und den wunderbaren Parkanlagen. In Fröhstöckheim liegt ganz versteckt das Schloss der Crailsheimer. Auch in Kitzingen musste ich viele Plätze auslassen. Fasziniert hat mich unter anderen der Luitpoldbau, einst die Badeanstalt des Ortes. Winterhausen liegt im Schatten von Sommerhausen. Trotz Schatten kann man dort aber besonders gut essen und hat darüber hinaus den schönsten Blick auf Sommerhausen – gestrichen. In Eibelstein steht das Frankenwein Forum, in dem man viel über den Frankenwein lernen und ihn natürlich auch genießen kann. Giebelstadt war im Besitz von zwei adligen Familien, als Wappentier führt die eine Familie einen Widder. Ochsenfurt kommt von Furt. In der Stadt hat man mit einem Brunnen der Furt ein Denkmal gesetzt. Marktbreit ist eine der schönsten Städte mit ihren lauschigen Ecken und Plätzen. Und gegenüber, jenseits des Mains, liegt Segnitz, ebenfalls sehr idyllisch. Leider konnte ich nicht über den Segnitzer Broträusch berichten. Mainbernheim besitzt noch seine ganze Stadtmauer. In ihrem Schatten haben die Bürger Gemüsebeete angelegt. In Willanzheim, in Herrenheim, in Hüttenheim, in Seinsheim gibt es mächtige Wehrkirchen mit Gaden. Das sind Vorratskeller innerhalb der Kirchenmauer. In Seinsheim befindet sich in einem der Keller sogar die kleinste Brauerei in Franken, vielleicht sogar in Deutschland. Mönchsondheim hat die mächtigste Kirchenburg der Region. Diese Plätze sollten Sie selbst erkunden.

27

Schwanfelder Ölkernprodukte
Hauptstraße 24
97355 Abtswind
09383 9022332
www.oelkernprodukte.de

WERTVOLLES AUS ABFALL SCHÖPFEN

Schwanfelder Ölkernprodukte

Nicht enttäuscht sein. Es ist ein altes Bauernhaus mit dem Giebel zur Straße und dahinter sind der Hof, die Scheune, die Stallungen sowie in diesem Fall die Ölpressen. Der Winzer widmet sich der Gewinnung von Ölen. Bei der Weinbau-Erfahrung liegt es nahe, hauptsächlich Traubenkernöl herzustellen.

Das ist ein hoher Arbeitsaufwand, wenn man nur daran denkt, dass für die Pressung von einem Liter Traubenkernöl die Kerne aus den Trestern von etwa 2.000 Litern Wein benötigt werden.

Bei der Kelterung der Weintrauben fallen als Rückstände die sogenannten Trester an, Beerenhaut und Traubenkerne. Normalerweise werden sie weggeworfen. Die Schwanfelders sammeln sie unmittelbar nach dem Pressen auf, sortieren sie in Drehsieben, trennen im warmen Luftstrom die Kerne von den Beerenhäuten. Die Kerne werden getrocknet und zunächst eingelagert. Irgendwann wandern die Kerne in die Schneckenpresse. Innerhalb von 24 Stunden, die Presse läuft Tag und Nacht, entsteht das Öl. Dann werden die Trübstoffe sedimentiert (daraus kann man noch Seifen herstellen). Es verbleibt das klare Traubenkernöl – das »grüne Gold«, das so richtig gut schmeckt.

Aus Traubenabfall kann man noch andere Produkte herstellen: Traubenkernnudeln zum Beispiel als Hauptgericht oder für einen Nudelsalat. Oder Traubenkernmehl. Dazu werden die ausgepressten Kerne zu feinem Pulver gemahlen, das man dem üblichen Öl bis zu zehn Prozent beimischen kann – richtig gesund. Oder die Traubenkerne füllen Traubenkissen, also Wärmekissen aus Baumwolle – gegen fast alle Körperschmerzen geeignet.

Aber am wichtigsten ist das Traubenkernöl, eine gold-grün bis dunkelgrün-bräunlich schimmernde Flüssigkeit mit fruchtig-nussigem Geschmack. Probieren kann man es im Gasthaus Winzerstube in Rödelsee. Dort serviert die Winzerfamilie ihre Öle.

In einer 450 Jahre alten Scheune in Abtswind befindet sich das größte private Gewürzmuseum der Welt. Es geht um Gewürze: von »A« wie Anis bis »Z« wie Zimt.

Frankenwein-Lehrpfad
Startpunkt: Weinstraße
Ortsausgang
97355 Abtswind
Für den 3,3 Kilometer langen Lehrpfad sollte man eineinhalb Stunden einplanen.

Fremdenverkehrs- und Heimatverein Abtswind e.V.
09383 2692
www.tourismus-abtswind.de

DER ÄLTESTE WEINLEHRPFAD IN BAYERN

Frankenwein-Lehrpfad

Am 11. Juni 1971 wurde in Abtswind der älteste Weinlehrpfad in Bayern, als *1. Bayerischer Weinlehrpfad mit Weinlehrgarten* eingeweiht. Der älteste in Deutschland überhaupt stammt aus dem Jahr 1969. Der Abtswinder Rundweg führt drei Kilometer durch die Lagen Schild und Altenberg. Man kann viel lernen: Auf über 40 Tafeln wird man in Reimform über Rebsorten und den Weinberg informiert. Besonders interessant auf der höchsten Stelle der Weinlehrgarten der Staatlichen Hofkellerei Würzburg mit 20 Rebsorten. Hier kann man zur Reifezeit die unterschiedlichen Rebsorten probieren. Und den Frankenblick genießen, bei gutem Wetter bis zu Spessart und Rhön.

Ungefähr 800 Menschen leben in Abtswind, einem kleinen Ort am Fuße des 474 Meter hohen Friedrichsberges. Das Dorf taucht im Jahr 783 zum ersten Mal als »Abbatissaewinden« auf und verweist damit auf die slawische Ethnie der Wenden. Bis 1536 war es ein Lehen des Klosters Münsterschwarzach. Nach der Säkularisation fiel Abtswind 1810 an das Königreich Bayern – mehr gibt es nicht zu berichten.

Höchstens noch etwas über den Wein, der hier wächst: Bereits seit alters her wurden um Abtswind an den Südhängen des Friedrichsberges Reben gepflanzt. Die verwitterten Gipskeuperböden des Steigerwald-Vorlandes verleihen den Trauben ihren einzigartigen Geschmack. Heute wird noch auf rund 50 Hektar Wein angebaut. Er ist die Existenzgrundlage des Ortes; alle Familien in Abtswind haben direkt oder indirekt mit dem Weingeschäft zu tun. Daher war es erforderlich, sich frühzeitig zu überlegen, wie man ihn den Besuchern präsentieren konnte. Eine Idee, bis heute erfolgreich, war eben der Weinlehrpfad. Ergänzt wird er mittlerweile durch Weinwandertage, an denen es Weinproben im Weinberg gibt, sodass man nicht nur die Schilder lesen, sondern auch von dem Originalwein probieren kann.

An allen Samstagen im Oktober wird in Abtswind Weinfest gefeiert. In den Weingütern wird ausgeschenkt. Das Festzelt ist beheizt.

29

Seniorenheim Schloss Ebracher Hof
Schlossstraße 32–38
97320 Mainstockheim
09321 7613
www.mainstockheim.de

HIER KANN MAN ALT WERDEN

Seniorenheim Schloss Ebracher Hof

Wenn ich alt bin, verlege ich meinen Wohnsitz in den Ebracher Hof nach Mainstockheim. Ehemals ein Kloster, heute eine Seniorenresidenz. Ich liebe die barocke Raumgestalt mit den Stuckdecken. Das ehemalige Kloster ist neu renoviert worden und leuchtet sogar in originaler Farbenpracht.

Mich fasziniert der Gedanke, dass in dem einzigartigen Haus bis 1803 Zisterzienser-Mönche lebten. Durch Säkularisation kam das Kloster dann an das Herzogtum Bayern, wurde schließlich versteigert und durchlief eine Reihe von Besitzern. Im 19. Jahrhundert ließ ein jüdischer Besitzer eine Mikwe einrichten.

Dennoch bleibt sein Name verbunden mit seinem kunstsinnigen Erbauer, Abt Johannes von Dressel von Ebrach. Er ließ den prächtigen Amtshof in den Jahren 1618 bis 1630 erbauen. Er schuf ein stattliches schlossartiges Gebäude im damals sehr gebräuchlichen Stil der Julius-Echter-Periode. Der Abt Wilhelm Söllner von Ebrach ließ einige Zimmer des Schlosses mit aufwendigen Stuckaturen im Geschmack des Rokoko verzieren. Und er erdachte auch 1727 bis 1734 die imposante Gartenanlage: an die 4.600 Quadratmeter in mehreren Ebenen – ganz ähnlich den Vorbildern barocker Gartenarchitektur der damaligen Zeit.

Im Haus und im Garten treffen Sie dabei auch auf moderne Kunst. Zwei Mainstockheimer Künstler stellen Bilder und Skulpturen aus: Melinda Hillion arbeitet seit 2006 hier und präsentiert im Ebracher Hof ihre Arbeiten. Partner ist Peter Brandner, ebenfalls aus Mainstockheim – mit ihm teilt sie sich ihr Referenzwerk: Die beiden haben aus einem ehemaligen Bunker in der Bretagne einen Kunstraum mit Skulpturen und Malerei gemacht.

Irgendwie lustig wirkt ein Hochsitz an der Mainseite des Geländes. Von da oben hat man einen wunderbaren Blick auf den Main. Für Senioren mit Rollator allerdings nicht begehbar.

Noch ein Grund, warum ich hierher ziehen werde: Der Frankenwein ist nicht weit. Da kann man sein Schöppele in der Nachmittagssonne bestens genießen.

30
Gumbertla
Gumbertusgasse
97320 Mainstockheim
www.mainstockheim.de

Ein Wohnhaus mit Glockengeläut

Ältester Siedlungskern *Gumbertla*

Hochwassergebiet. Da ist man leidgeprüft in Mainstockheim. Ein Pavillon steht am Eingang zu dem kleinen Biergarten am Main vor den Mauern des Ortes. Der Pavillon ist verziert mit Wasserstandszeichen. Die sind jedoch zum Fürchten: Sie zeigen, dass jeweils das Unterdorf überschwemmt war.

Die Äbte des Klosters Ebrach erwarben 1140 Grund, wo sich heute der Ort befindet, wohl wissend, dass die Hochwasser hier nicht ungefährlich waren. Dies wurde sogar in einer Urkunde festgehalten. Damals bestand der älteste Siedlungskern aus einem Gutshof und der Gumbertuskirche. Die eigene Wasserversorgung wurde durch die Quellen Katzenberg und Hofstück gesichert. Die Hänge hinter dem Ort waren mit mächtigen Bäumen bewachsen. Diese begann man systematisch zu roden, um Weinberge anzulegen. Lössboden garantierte einen erfolgreichen Getreideanbau, und auch die Viehzucht war im Aufwind. So entwickelten sich Weinbau, Ackerbau und Viehzucht gleichermaßen.

Um die Gumbertuskirche entstand der allererste Siedlungskern von Mainstockheim. Die Kirche ist benannt nach dem heiligen Gumbertus, einem frommen fränkischen Edelmann, und wurde wahrscheinlich im Jahre 1059 von Ansbacher Mönchen erbaut. Sehr bald erhielt die Kirche ihren Spitznamen Gumbertla.

1817 hat man die Gumbertuskirche verkauft. Sie wurde in ein Wohnhaus umgewandelt. Das klingt heute modern und ist vielleicht in manchen Regionen nachahmenswert. Man hat den Bau entkernt und sozusagen säkularisiert. Nur das alte Glockentürmchen blieb erhalten – auch auf dem Wohnhaus in der Gumbertusgasse. Heute ist es sogar mit einer modernen, funkgesteuerten Uhr ausgestattet. Die kleine Glocke lädt die Bewohner des Oberdorfs zu den Gottesdiensten ein – allerdings in die St. Jakobs-Kirche nebendran. Fast zu bewundern, wie pragmatisch die Dörfler mit ihrer Geschichte umgehen.

Der Biergarten am Mainufer heißt Roadhouse, direkt am Radweg in Richtung Kitzingen. Er bietet Sonne, Schatten, Ruhe sowie ein frisch gezapftes Pils.

31

Jüdischer Friedhof
97348 Rödelsee über die alte Iphöfer Straße verlassen, beim Wegkreuz die Richtung beibehalten (leichte Linkskurve), auf dem nächsten betonierten Weg nach rechts abbiegen. Auf Höhe des Friedhofs führt rechts ein Fahrweg auf ihn zu.

Führungen nach Vereinbarung beim **Förderverein ehemalige Synagoge Kitzingen am Main e. V.**
Landwehrstraße 1
97318 Kitzingen
09321 921244
www.synagoge-kitzingen.de

IM HAUS DER EWIGKEIT

Jüdischer Friedhof

Aus dem Jahre 1432 stammt die erste Erwähnung des Friedhofs. Er liegt, wie alle jüdischen Friedhofe, außerhalb der Ortschaft, angeblich, weil der große Platzbedarf nicht näher an der Gemeinde möglich war. Man wollte ihn nicht in Dorfnähe haben. Meistens liegen die Friedhöfe abgeschirmt, durch Hecken von der Welt getrennt. Diesen kann man aus der Höhe der Weinberge sehr gut erkennen. Er ist recht groß. Über 2.500 Grabsteine sollen sich dort befinden. Damit ist der Rödelseer Jüdische Friedhof einer der größten in Bayern. Er war als zentraler Friedhof gedacht für mehrere umliegende Gemeinden: Großlangheim, Hüttenheim, Kitzingen, Mainbernheim, Mainstockheim, Marktbreit. 1602 wurde der Bau der Mauer und eines Taharahauses genehmigt.

Es ist ein friedliches Bild, wenn man vor den Grabsteinen steht und sie auf sich wirken lässt. Umrahmt von Äckern und Sonnenblumenfeldern.

Heute nutzt ihn anscheinend niemand mehr. Es sind keine neuen Gräber zu erkennen. Immer wieder einmal ist der Friedhof geschändet worden – leider auch in jüngster Zeit.

Für die Juden ist der Friedhof ein Haus der Ewigkeit. Jeder Verstorbene hat hier seinen ewigen Ruheplatz in einem einfachen Holzsarg. Kein Grabstein wird gerichtet oder entfernt. Bei den seltenen Besuchen wird zum Zeichen des Gedenkens ein kleiner Stein auf den Grabstein gelegt. Die beiden hebräischen Buchstaben, die häufig oben zu finden sind, heißen übersetzt »hier ist verborgen«. Unten lassen sich manchmal fünf Zeichen erkennen, die bedeuten: »Seine Ihre Seele ist eingebunden im Bündel des ewigen Lebens.«

Im Taharahaus wird gewöhnlich die Leichenwaschung (Tahara) der verstorbenen Juden vor der Bestattung vorgenommen. Das alte Taharahaus wurde beim Pogrom im November 1938 niedergebrannt und 1950 komplett abgebrochen. In jüngerer Zeit fand sich ein Spender, der ein neues Taharahaus erbauen ließ.

Man kann gut über die Mauer sehen. Der Friedhofschlüssel und das Besucherbuch sind erhältlich im Dorfladen Rödelseer Markt, Zehntgasse 1, 09323 3094.

32

Friedwald
Erreichbar vom Schloss Schwanberg durch den Park, vorbei an den Keltenwällen
Schwanberg 1
97348 Rödelsee
www.schwanberg.de

Friedwald GmbH
Im Leuschnerpark 3
64347 Griesheim
06155 848100
www.friedwald.de

AUF DEM WEG ZUR ALLERLETZTEN RUHE

Evangelisch-Lutherischer Friedwald bei Schwanberg

Fliehburg, Kulturzentrum und heiliger Berg: Der Schwanberg ist seit jeher ein besonderer Anziehungspunkt für Menschen. Das durch Steilhänge geschützte Hochplateau war schon in keltischer Zeit Siedlungs- und Zufluchtsort. Heute blühen in den lichten Waldbeständen großflächig Buschwindröschen.

Von den Kelten stammen die Wälle. Aus dem frühen Mittelalter stammt ursprünglich die Burg. Alexander Graf von Castell-Rüdenhausen ließ von 1919 bis 1921 die einzigartige Parkanlage anlegen, eine Komposition, die Elemente des klassischen Barockgartens mit denen eines englischen Landschaftsgartens verknüpft. Also prädestiniert für einen schönen Ruheort. Ein reicher Laubmischwald – Eichen und Buchen prägen den Bestand. Auch Hainbuchen und Linden sind verstreut zu finden.

Der Friedwald ist 32 Hektar groß. Die Schwestern der Communität Casteller Ring betreuen ihn, bewirtschaften die Burg und begleiten Menschen auf ihrem Weg in den Friedwald seelsorgerisch. Zentraler Ort des Gedenkens ist die St. Michaelskirche mit ihrer Kapelle. Hier stehen keine Grabsteine, im Friedwald ruhen die Verstorbenen an den Wurzeln eines Baumes. Alte Bäume, nicht von Menschen gepflanzt, sondern ganz natürlich bei Sonne und Regen gewachsen, wie ein Ort, den die Verblichenen auch zu Lebzeiten gemocht hätten. Praktisch setzt das Konzept auf Minimalismus, auch die Urnen sind biologisch abbaubar. Es gibt keine Blumenbeete, damit ist keine Grabpflege nötig, im Gegenteil: Nur Wald – der Ort des Erinnerns bleibt ganz der Natur überlassen.

Drei Hauptgründe bewegen Menschen, diese Bestattungsform zu wählen: Manche suchen die Nähe der Natur, andere sehen in der Vergänglichkeit einen Teil ihres Lebensentwurfs. Und manch andere möchten niemandem nach ihrem Tod zur Last fallen mit einem Grab. So bietet der Schwanberg Menschen ewige Ruhe an den Wurzeln eines Baumes.

Die Communität Casteller Ring ist eine evangelische Ordensgemeinschaft. Seit 1957 leben die Schwestern im Schloss und betreiben das Geistliche Zentrum Schwanberg.

33

Höttehött
97346 Iphofen durch das **Rödelseer Tor** verlassen, zwischen den Lagen Kronsberg und Julius Echter Berg hinauf bis zum Parkplatz oberhalb der Weinberge wandern. Hier beginnt der Geo-Ökologische Lehrpfad. Richtung Schutzhütte steht das Denkmal.

Tourist-Information
Kirchplatz 1
97346 Iphofen
09323 870306
www.iphofen.de

AUF MEINEID STEHT DIE TODESSTRAFE

Das Tor zum Höttehött-Denkmal

In Iphofen gibt es ein Rödelseer Tor. Es ist das älteste der drei erhaltenen Stadttore und gilt als Kleinod der berühmten Bauwerke Iphofens. Der Turm ist mit Hohlziegeln bedeckt und trägt ein schmuckes Fachwerk. Erbaut wurde es in der Regierungszeit von Bischof Johann III. von Grumbach (1455–1466). Sein Wappen prangt an der Pechnase an der Außenseite. In den Torflügeln gibt es ein »Schlupflöchlein«, das einmal die letzte Chance für Zuspätkommende war.

Am Rödelseer Tor – man vermutet es wahrscheinlich – beginnt der Weg nach Rödelsee. An der Grenze zwischen den beiden Orten gab es immer wieder Konflikte. Ein Hirte weidete auf einem solchen strittigen Flurstreifen zwischen den beiden Ortschaften seine Schafe. Ein Gericht lud ihn als Zeuge vor. Er musste unter Eid aussagen, wem dieses Stück Land gehöre. Die Iphöfer bestachen den Hirten, sodass er sich so erklärte: »So wahr der Schöpfer über meinem Haupte und Iphöfer Erde unter meinen Füßen ist, gehört diese Flur den Bürgern von Iphofen!« Der Hirte, bauernschlau, hatte vorgesorgt. Beim Schwur trug er eine Suppenschöpfkelle (Schöpfer) unter der Mütze und hatte seine Schuhe mit Iphöfer Erde gefüllt. Aufgrund dieser Aussage wurde der strittige Flurstreifen Iphofen zugesprochen. Das Schwurgeheimnis des Hirten blieb allerdings nicht verborgen. Er wurde daraufhin einen Kopf kürzer gemacht. Nach der Sage spukt er noch immer vor dem Rödelseer Tor und ruft schaurig seinen Namen: Höttehött. Ein steinernes Denkmal des Höttehött mit dem Kopf unter dem Arm erinnert an diese Begebenheit. Der Stein in den Weinbergen ist Ausgangspunkt eines Wanderpfads hinauf zum Schloss Schwanberg.

Es ist bezeichnend, dass es in Rödelsee kein Iphöfer Tor gibt, nicht einmal einen Iphöfer Weg oder eine Iphöfer Straße. So haben sich die Rödelseer gerächt.

Rödelsee hat eine vollkommen intakte Maueranlage mit vielen Türmen. Auf einem Weg kann man sie umrunden. Eine Stunde dauert die kleine Wanderung.

84

Vinothek Iphofen
Kirchplatz 7
97346 Iphofen
09323 870317
www.vinothekiphofen.de

WEINE, KULTUR UND EIN BISSCHEN MEHR …

Vinothek

Sie war nicht unumstritten im Stadtrat und in der Bevölkerung: die Vinothek, ein Gebäude aus Stahl und Glas. Passt sie in fränkische Beschaulichkeit? Ein moderner Komplex, der Vielfalt beherbergt: die Touristeninformation, ein Museum, Seminarräume, einen Bauernladen – und natürlich die Vinothek. Er wirkt schon ein bisschen wie ein Eindringling in die historische Kulturlandschaft der Iphöfer Altstadt, aber so ein Eindringling bietet auch neue Aus- und Einblicke – auf den Bau selbst, aber auch auf die historische Kulisse drumherum. Die Modernität mischt sozusagen die Historie auf. Der Bürgermeister Josef Mend hatte mit Sicherheit recht, als er bei der Übergabe des Baus mutmaßte, dass einem der Bau mit der Zeit immer besser gefalle. Heute sind die Iphöfer stolz darauf, nicht nur auf den Bau, sondern auch auf ihren Mut, diesen genehmigt zu haben.

Die Vinothek hat sich zum Besuchermagneten entwickelt. Die Leute kommen, um zu sehen – und die meisten staunen. Das Gebäude ist ein Rahmen für die Präsentation der »inneren Werte«, den guten Tropfen der Iphöfer Winzer und dem Kunstschaffen in Iphofen. Winzer und Künstler haben mit der Vinothek die einzigartige Chance bekommen, unter einem Dach für Wein und Kunst zu werben: zeitgemäß, modern, spritzig.

Der Weinfreund kann in der Vinothek die Iphöfer Weinberglagen »bereisen«, ohne dabei das Gebäude verlassen zu müssen. Wobei dies schade ist, denn die Weinberge von Iphofen sind erlebenswert.

Zwanzig Iphöfer Winzer präsentieren sich in der Vinothek mit Wein und Winzersekten, Destillaten und Likören. Die klare und nüchterne Darstellung der Iphöfer Weine in der Vinothek soll die Charaktere der einzelnen Winzerbetriebe und deren Produkte unverfälscht widerspiegeln. Die Winzer formulieren ihren internationalen Anspruch und demonstrieren ihre Kompetenz.

In der Vinothek finden viele Kunst- und Kulturveranstaltungen statt. Die Iphöfer und ihre Gäste schauen bei diesem bunten Programm gerne vorbei.

35

Graben- und Mauergärten
Südliche Stadtmauer
97350 Mainbernheim

Informationen erteilt das
Rathaus
Rathausplatz 1
97350 Mainbernheim
09323 804230
www.mainbernheim.de

DER VORGARTEN DER STADT

Graben- und Mauergärten

Den besten Knoblauch gibt es vor den Mauern der Stadt Mainbernheim. Im Sommer wird dort gegraben, gegossen, gejätet und geerntet. Das hat Tradition. Seit Jahrhunderten, denn im dicht bebauten Kern des Städtchens war noch nie Platz für Gärten. So wuchsen eben die bunten Sommerblumen, das Gemüse und die Kräuter jedes Jahr vor der steinernen Wehrmauer, entstanden ist somit ein großer, blühender Vorgarten der Stadt. Die Grabengärten befinden sich dort, wo etwa seit 1382 die Stadtbefestigung und der Wassergraben zum Schutz und zur Sicherheit der Stadt verlaufen sind. Nachdem dieser seine ursprüngliche Funktion nicht mehr erfüllen musste, wurden dort Kleingärten angelegt, in denen die Bewohner Gemüse, Beeren und Kartoffeln anbauten. Lange Zeit waren die Grabengärten begehrt, dann engagierten sich besonders die aus Siebenbürgen zugezogenen Bürger. Aber in den 1980er-Jahren ließ das Interesse generell nach. Gemüse war im Supermarkt bequemer einzukaufen.

Der Gemeinderat versuchte, den Gärten neues Leben einzuhauchen, weil sie Teil des Tourismusprogramms der Stadt geworden waren. Im Sommer 2012 ergab sich die Chance, die Grabengärten im Rahmen eines Leader-Projektes aktiv zu gestalten. Zur Detailplanung der Grabengärten wurden mehrere Workshops, Veranstaltungen und Bürgerwerkstätten durchgeführt. Die Stadt setzte die Rahmenbedingungen. Eine Bushaltestelle wurde schön gestaltet, ein Radweg angelegt. Ein Fledermausgarten *hortus nocte* für Nachtschwärmer entstand.

Viele Gartenparzellen konnten neu vergeben werden, denn gerade sie prägen das Bild der Grabengärten. Trotzdem sind noch Flächen frei. Sie werden als Blumenwiese oder zum Anbau von Kartoffeln genutzt. Kleingärtner, egal ob aus Mainbernheim oder Umgebung, sind nach wie vor gesucht.

Die Gärten befinden sich entlang der südlichen Stadtmauer. Alle wesentlichen Informationen erhalten Sie in einer Broschüre, die im Rathaus erhältlich ist. Wer sich als Gärtner einbringen will, ist willkommen.

36

Knauf Museum
Am Marktplatz
97346 Iphofen
09323 31528
www.knauf-museum.de

Knauf Gips
Am Bahnhof 7
97346 Iphofen
09323 310
www.knauf.de

ALLES NUR GIPS

Knauf Museum

Knauf ist ein Familienname, Gründername. Und Knauf ist immer noch ein Familienunternehmen; die Mitarbeiter gehören zur Familie. Was Knauf auszeichnet? Mit Sicherheit Mut zu Innovationen und der Ideenreichtum der Mitarbeiter. Sonst wäre Knauf kein Global Player geworden. Entstanden aus dem traditionellen Gipsgeschäft produziert das Unternehmen heute Baustoffe für den Trockenbau, Mineralfaser-Akustikplatten, Gipsfaserplatten, Trockenmörtel mit Gips für Innen- und Außenputz auf Zementbasis sowie Dämmstoffe auf der Basis von Glas- und Steinwolle. Keine Baustelle kommt heute ohne Knauf aus – und zwar auf der ganzen Welt (»Knauf goes China«).

Die Kraft des Unternehmens, so steht es in der Philosophie, stammt aus der Erde. Daher ist neben der Ökonomie auch die Ökologie sehr wichtig. Der Beweis: Knauf bekam 2012 den Nachhaltigkeitspreis von Mainfranken. Sitz in Iphofen, verwurzelt in der Region und trotzdem ein Global Player. Beeindruckende Fabrikhallen vor den Toren der Stadt, die eine eigene Silhouette schaffen. Darüber hinaus die Knauf Akademie, Weiterbildung wird groß geschrieben, Kultur unterstützt. Dazu zählt auch das Knauf Museum, mitten in Iphofen. Dort entstand 1688 ein Wirtshaus. Einheimische Meister schufen den ersten Barockbau Iphofens, im Detail noch stark beeinflusst von der ausklingenden Renaissance. Die großen Quadersteine stammen von der Mauer des Schlosses Schwanberg, das während des Bauernaufstandes im Jahr 1525 zerstört wurde. Knauf kaufte das Haus und richtete ein Gipsmuseum ein.

Will man das Kunstschaffen der Weltkulturen erleben, müsste man eine Reise zu den Stätten der antiken Weltkunst oder zu den Museen der Welt machen. Das Knauf-Museum bietet eine Alternative: Meisterwerke des Alten Ägypten, Mesopotamiens, Persiens, des Hethiterreiches und anderer Orte sind in meisterlichen Abformungen ausgestellt. Alles nur Gips. Aber wie prächtig.

Neben der permanenten Ausstellung gibt es immer wieder interessante Sonderausstellungen, die der Lebenskultur gewidmet sind. Sehr empfehlenswert.

37

Conditorei-Museum Kitzingen
Marktstraße 26/
Kaiserstraße 11
97318 Kitzingen
09321 929435
www.conditorei-museum.de

Süss bis zuckersüss

Conditorei-Museum

Mitten in der Stadt befindet sich das Conditorei-Museum im Poganietz-Haus. 1556 erbaut, gehört es zu den zehn ältesten Bürgerhäusern von Kitzingen. Geschwungene Andreaskreuze in Zierfachwerk schmücken das Vorderhaus. Mitte der 90er-Jahre wurde das Gebäude grundlegend saniert, sodass die Innenräume wohl ziemlich genau den Zustand der Bauzeit darlegen. Das Untergeschoss wird von einer Konditorei eingenommen – wie sollte es anders sein.

Die »süße Kunst« hat eine lange Tradition in diesem Haus: Schon 1722 lebte hier ein Lebküchner; 1831 eröffnete Philip Grohs in diesem Gebäude die erste Kitzinger Konditorei. Bis 1937 sollte das Haus immer als Konditorei genutzt werden. Seit 1893 ist die Familie Schmitt-Poganietz Eigentümer und Museums-Initiator, nur die Konditorei betreibt die Familie nicht mehr. Dennoch erweist sich diese lange Tradition als glücklicher Umstand. In der Konditorei lässt man sich den Schlüssel für das Museum im zweiten und dritten Stock geben und kann während der Geschäftszeiten in der kleinen, aber liebevoll präsentierten Ausstellung flanieren.

Tradition des Hauses war Kleingebäck, also allerlei Zuckergebäck, so zwei bis fünf Zentimeter groß, im Volksmund Plätzchen genannt. Ein Modenaschwerk, das man gerne zu Kaffee, Tee und Schokolade zu sich nahm. Im 18. Jahrhundert kamen als Renner leichte Biskuitgebäcke hinzu, später gemodelte Springerle aus Marzipan oder Eiermarzipan. Aufgrund des sehr hohen Zuckerpreises konnten sich aber nur reiche Adels- und Bürgerfamilien derlei leisten. Die Produkte der Konditorei, und damit auch die Zuckerplätzchen, zählten bis weit in das 19. Jahrhundert hinein zu den Luxusgütern. Heute können wir uns den Luxus leisten – so sitzen wir vor dem Museum und essen ein Plätzchen zu unserem Kaffee.

Die Rösner Backstube betreibt die Konditorei (www.roesner-backstube.de). Sie ist für ihre Torten berühmt. Kleingebäck gibt es eher zu Weihnachten.

38

Deutsches Fastnacht-museum
Luitpoldstraße 4
97318 Kitzingen
09321 23355
deutsches-fastnachtmu-seum.byseum.de

LACHEN ERWÜNSCHT

Deutsches Fastnachtmuseum

Die Franken sind als ernste Menschen bekannt. Warum man gerade in Kitzingen ein Fastnachtsmuseum einrichtet, verwundert zunächst. Aber bald merkt man, ein solches Museum benötigt den richtigen Ernst, denn Fastnacht ist auch ein bisschen Wissenschaft.

Die Gründung des Deutschen Fastnachtmuseums reicht zurück bis in das Jahr 1963. Aufgabenstellung: historische Belege über fastnachtliches Brauchtum sammeln und präsentieren. Nach einer vierjährigen Umbau- und Renovierungsphase wurde es 1967 im Kitzinger Falterturm als das offizielle Museum des Bundes Deutscher Karneval e.V. eröffnet.

Der Falterturm war über lange Jahre das Aushängeschild des Museums. Er bot auf sieben Geschossen etwa 300 Quadratmeter Ausstellungsfläche. Der Turm fällt im Stadtbild durch seine schiefe Spitze auf. Er wird deshalb als »schiefer Turm von Kitzingen« bezeichnet – irgendwie gut geeignet für eine Fastnachts-Ausstellung. Die schiefe Spitze entstand übrigens durch ein Absacken des Dachgebälks. Wenngleich man in Kitzingen lieber erzählt, dass der verwendete Mörtel mit Wein verdünnt wurde. Nicht gerade schmeichelnd für den Wein.

Ende des 15. Jahrhunderts errichtete man den runden Turm als Befestigungs- und Wachturm der äußeren Stadtmauer – heute ist er der am besten erhaltene Teil dieser ehemaligen Wehranlage. Leider kann man ihn aus Brandschutzgründen seit Dezember 2010 nicht mehr von innen besichtigen, auch die Sanierung des Turms scheitert bislang an denkmalpflegerischen Vorgaben. Klingt nach Schildbürgerstreich. Nun sind die Fastnachter umgezogen in das Gebäude in der Rosenstraße 10. Aber auch dieses Gebäude genügt nicht den Brandschutzbestimmungen, sodass auch dort keine Besucher ins Museum dürfen. Ein zweites Treppenhaus muss in allen Geschossen eingezogen werden. Noch ein Umzug. Ob da jetzt die Feuerpolizei mitspielt? Traurige Fastnachtspflege. Lachen unerwünscht.

Man ist gut beraten, nach dem Stand der Baumaßnahmen zu fragen, ehe man das Museum besucht. Oder wird das Museum ein weiteres Mal umziehen müssen?

39

Jocklerturm
Graben West
97320 Sulzfeld am Main
Kontakt und Gästebetreuung:
09367 2306 (Familie Eberl)
0171 2853722 (Ingeborg Loy)
www.jocklerturm.com

Touristinformation
Schrannenstraße1
97318 Kitzingen
09321 208888
www.kitzingen.info

TURMZIMMER ZU VERMIETEN

Stadtmauer und Jocklerturm

Eine Stadtmauer war niemals Luxus, sondern schlicht Notwendigkeit. Deshalb investierte man auch in Geld und Mühe. Blättert man in der Stadtgeschichte zurück, dann erfährt man, dass am 8. August 1266 vor den Toren der Stadt eine der größten Reiterschlachten des Mittelalters stattfand, die Cyriakusschlacht. 1461 belagerte Markgraf Achilles von Ansbach-Brandenburg den kleinen Ort, ohne ihn allerdings einnehmen zu können. Denn damals hatte man bereits die Stadtmauer erbaut. Im Dreißigjährigen Krieg wurde Sulzfeld gleich zweimal von den Schweden besetzt und schwer in Mitleidenschaft gezogen. 1796 schließlich brandschatzten französische Revolutionstruppen das Dorf. Die Stadtmauer hielt den modernen Kriegstechniken nicht mehr stand. Glücklicherweise wurde sie damals aber nicht abgebrochen. Heute ist sie ein wichtiges historisches Gut für die Stadt. Sie ist komplett erhalten mit malerischen Turmbauten und eine der Attraktionen der Stadt. Und auch das Wort Cyriakus hat eine ganz andere Bedeutung bekommen: Cyriakusberg ist eine wichtige Weinlage in Sulzfeld, wo ein herrlicher Wein wächst.

Diesen Wein kann man bestens auf dem überdachten Freisitz des Jocklerturms genießen, denn den Jocklerturm kann man mieten: Im Turm gibt es eine stilvoll eingerichtete, solide ausgestattete 80-Quadratmeter-Wohnung. Man wohnt sozusagen auf der Stadtmauer. Das Turmhaus Jocklerturm wurde im Jahre 1808 auf einem Rundwehrturm von 1498 als Fachwerkkonstruktion erbaut, als Teil der mittelalterlichen Wehrmauer Sulzfelds. Es sind nur ein paar Schritte hinunter in den Ort. Und im Turmzimmer kann man in aller Ruhe den Cyriakusberg-Tropfen genießen.

Wer allerdings nicht im Turmzimmer wohnt, sollte zumindest eine Mauerumrundung unternehmen. Es gibt noch mehr Türme, die allerdings von den Einheimischen genutzt werden.

Im Turm gibt es eine komplett ausgestattete Küche, Ess- und Wohnzimmer, Doppel- und Einzelschlafzimmer, ein Fernsehstübchen, ein Bad mit Dusche.

40

Zum Goldenen Löwen
Langengasse 2
97320 Sulzfeld am Main
09321 4234
www.loewe-sulzfeld.de

5,60 Meter Bratwurst

Meterbratwurst im Gasthaus *Zum Goldenen Löwen*

Franken hat eine vielfältige Bratwurstkultur. Die unterfränkische Bratwurst gehört zur Familie der mittelgroben Bratwürste, die aus Schweinefleisch bestehen. Das Geheimnis sind die Gewürze und Zutaten. Wichtig ist, dass Majoran enthalten ist. Normalerweise misst sie zehn Zentimeter und wiegt 50 Gramm. Nicht so in Sulzfeld, da ist die Bratwurst einen Meter lang.

Diese Bratwurst kommt nur in Sulzfeld auf den Teller. Sie hat ihre Geschichte, die sich so erzählt: Es war im Jahr 1953, als mehrere Stammgäste mit einem Löwenhunger das Gasthaus *Zum Goldenen Löwen* heimsuchten. Die Getränke mundeten, ebenso wie Bratwürste, Sauerkraut und Bauernbrot – und die Stimmung war entsprechend. So kam es, dass ein Gast sich zur Aussage hinreißen ließ: »Diese Wurscht könnt' ich meterweis' essen.« Das ließ der Wirt Lorenz Stark, Metzgermeister und damals Inhaber des *Goldenen Löwen* nicht auf sich beruhen. Er zog sich zurück und kam nach einer halben Stunde mit einer einen Meter langen Wurst aus seiner Wurstküche zurück. Diese briet er in der Pfanne goldbraun und servierte die erste Meterbratwurst.

Ein Meter Bratwurst entspricht in etwa 500 Gramm Fleisch. Und sie schmeckt nach wir vor bestens: Daher wollen auch heute noch viele Gäste einen Meter davon essen.

Franken ist Bratwurstland, aber die Meterbratwurst gibt es nur in Sulzfeld und wird daher als Markenzeichen gepflegt. Viele Gäste bestellen sich zur Meterbratwurst einen guten Schoppen Sulzfelder Cyriakusberg oder Maustal. Das ist eine gute Kombination. Die Wirte feuern die Esser zu Rekorden an. Noch immer gilt: Wer es schafft, den aktuellen Längenrekord zu überbieten, isst umsonst. Der Rekordhalter von 1999 ist bisher ungeschlagen. Er verzehrte unheimliche 5,60 Meter inklusive Beilagen. Da war der Löwenhunger garantiert weg.

Die Starks dominieren im Ort. Die Ratsstuben werden von der Familie betrieben, im *Goldenen Löwen* arbeitet ein Stark-Enkel als Koch.

41

Weingut Brennfleck
Papiusgasse 7
97320 Sulzfeld am Main
09321 4347
www.weingut-brennfleck.de

DIE WINZER SIND »SILVANIANER«

Weingut Brennfleck

Seit über 400 Jahren beschäftigt sich die Familie Brennfleck mit Wein. Da kann man mit gutem Grund annehmen, dass etwas Geschmackvolles entsteht. Seit Generationen widmen sie sich dem Silvaner. Dieser Tropfen ist für sie so etwas wie Wellness des Gaumens. Man kann ihn mit allen Sinnen genießen und er spricht die gesamte Sensorik des Körpers an. Und darüber hinaus: Mit einem Schluck Wein (natürlich Silvaner) entdeckt man die Landschaft, den Jahrgang und die Handschrift des Winzers. Die Vielfalt inspiriert und eröffnet unbegrenzte Möglichkeiten. Das macht ihn so spannend.

Brennfleck hat einen guten Namen – mit einem sichtbaren Mittelpunkt, dem spätmittelalterlichen denkmalgeschützten Gutshof. Mit solch einem markanten Gebäude wird es natürlich schwierig, wenn man in der Architektur moderne Zeiten beschreiten will. Altes soll erhalten bleiben, wie der Gewölbekeller des Weinguts, und ein Übergang geschaffen werden zu einem modernen Kelterhaus. Daraus entstand ein puristischer Neubau: klar, schnörkellos und funktionell. Außen nüchterner Beton, innen Glas und Holz und so viel Licht wie möglich. Um den Übergang zum alten historischen Gebäude zu erleichtern, wurde traditioneller Muschelkalk verwendet. Eine tunnelartige Rampe führt zum Keller. Gut gelungen, der Bauherr bekam viel Lob. Der Bau soll auch seine Philosophie abbilden. Alles konzentriert sich auf den Wein, die Architektur ordnet sich dem unter. Dennoch werden hochwertige Materialien eingesetzt. Daraus entstehen analog im Weinanbau die Genusswerte, der Wein. Welchen Spruch hat schon Johann Wolfgang von Goethe geprägt? »Das Leben ist zu kurz, um schlechten Wein zu trinken.« Das kann einem bei den Brennflecks nicht geschehen. So kommt auch ein Hausslogan zum Tragen, der lautet: »Es gibt immer wieder Orte, an die man gerne zurückkehrt …«

Weinempfehlung: Sulzfelder Cyriakusberg, Silvaner trocken, ein klassischer, erfrischender und fruchtiger Silvaner – ganz wie man ihn aus Franken erwartet.

42

Weingut Meintzinger
Babenbergplatz 4
97252 Frickenhausen
09331 87110
www.weingut-meintzinger.de

WEINGESCHICHTEN IM EILTEMPO

Weingut Meintzinger

Bis zum 9. Jahrhundert gehörte die Siedlung Frickenhausen zum Besitz der Babenberger. Ihnen ist die Einführung des Weinanbaus zu verdanken. Dann wurde der Ort und seine Weinberge dem Hochstift Würzburg geschenkt – mit einer Schleife verziert. Diese Bischöfe förderten den Weinanbau mit Enthusiasmus. Da sich das Hochstift verschuldet hatte, ging das Eigentum auf die Kollegen vom Domkapitel zu Würzburg über. Auch bei den neuen Eigentümern stand der Weinanbau an höchster Priorität. 1475 wurde eine große Weinkellerei und fast gleichzeitig die Stadtmauer mit Türmen erbaut, um das Eigentum angemessen zu schützen.

Weingut und Hotel stehen heute an der Stelle, wohin früher die Würzburger Bischöfe zur Sommerfrische fuhren, um den jungen Wein zu prüfen. Seit Ende des 18. Jahrhunderts ist Familie Meintzinger Eigentümerin des historischen Gutshofs in Frickenhausen – nunmehr in der achten Generation.

Die Meintzingers gewinnen Preise: Best of Gold – die Oscarverleihung für Franken-Winzer. Der 2012er Frickenhäuser Kapellenberg, Riesling Kabinett trocken wurde Sieger.

Das Symbol des Kapellenbergs ist die Valentinuskapelle. Sie geht zurück auf Valentin Zang. Bei seinen Mitbürgern stand er in hohem Ansehen und wurde Mitglied des Gemeinderates. 1692 befiel ihn urplötzlich eine Lähmungskrankheit. Bewegungslos war er ans Bett gefesselt. In seiner Not gelobte er, eine Kapelle zu bauen, falls er wieder zu Kräften käme. Es geschah, wie es kommen musste. Er gesundete und ließ die Kapelle auf dem Huberg erbauen, dem heutigen Kapellenberg. Die wunderbare Heilung bewirkte, dass sich viele Wallfahrer zur Kapelle aufmachten. Bis zum Jahre 1810 blieb das Kirchlein im Eigentum der Nachkommen Valentin Zangs. Die St. Valentinuskapelle hoch über dem Maintal ist das Wahrzeichen von Frickenhausen geworden und steht in Einklang mit seiner Weintradition.

Seit 1931 gehört die Kapelle zusammen mit dem angrenzenden Weinberg der Landwirtsfamilie Pfeuffer. Sie hüten das Symbol des Kapellenbergs.

48

Alzheimer Geburtsthaus
Ochsenfurter Straße 15a
97340 Marktbreit
www.alzheimer-haus.de

Über Führungen informiert die
Tourist-Information
Mainstraße 6
97340 Marktbreit
09332 591595
www.marktbreit.de

Schon vergessen?

Alzheimer Geburtshaus

Es ist keine Schande, wenn man nicht weiß, dass Alois Alzheimer mit Marktbreit verbunden ist. Dies ist noch lange kein Verdacht auf Alzheimer. In der Ochsenfurter Straße wurde der kleine Alois geboren, am 14.6.1864 im Morgengrauen. Alois wurde zu Hause getauft. Sehr viel mehr kann man nicht über die Beziehung zwischen Marktbreit und Alzheimer berichten. Das Geburtshaus war lange Zeit nicht bekannt. Es wurde erst 1989 »entdeckt«. Das efeubewachsene Haus kann man sich heute ansehen, aber so richtig mag ein Funke nicht überspringen. Alzheimer zog es bald in die Welt. Er studierte in Aschaffenburg, Berlin, Leipzig. Seine wichtigste Wirkungsstätte war die *Städtische Heilanstalt für Irre und Epileptische* in Frankfurt. Hier wirkte er als Arzt und Wissenschaftler. Sein wissenschaftliches Werk umfasst Untersuchungen zur progressiven Paralyse, zur Arteriosklerose des Gehirns, über die Alkoholkrankheit und über die Epilepsie. Alzheimer war außerdem ein gefragter forensischer Psychiater.

Nun wäre er vielleicht gar nicht berühmt geworden, wenn er nicht mit dem Begriff »Alzheimersche Krankheit« verbunden worden wäre. Wobei man sich fragen kann, ob diese Assoziation für ihn eben schmeichelhaft war. Die Bezeichnung geht auf eine 51-jährige Patientin zurück, die am 25.11.1901 in die Frankfurter Klinik mit Anzeichen von Demenz aufgenommen wurde und die Alzheimer behandelte.

Im November 1906 präsentierte Alzheimer die Patientin und die Krankheit auf der *37. Versammlung Südwestdeutscher Irrenärzte* in Tübingen. Daraufhin wurde die präsenile Demenz auf Vorschlag Emil Kraepelins als Morbus Alzheimer bezeichnet.

Noch heute wird die Alzheimer-Krankheit mit den gleichen Untersuchungsmethoden diagnostiziert wie zu Alzheimers Zeiten. Dies ist schon bemerkenswert, wenn man sich die sonst rasante Entwicklung der Medizintechnik vor Augen hält.

Mainfränkischer Humor: Was ist schlechter – Alzheimer oder Parkinson? Natürlich Parkinson, denn lieber einen Schoppen Wein vergessen als einen verschütten.

44

Südzucker
Marktbreiter Straße 74
97199 Ochsenfurt
09331 910
www.suedzucker.de

DIE ZUCKERFEE VON OCHSENFURT

Zuckerfabrik Südzucker

Ochsenfurt ist die Zuckerstadt, schließlich verarbeitet ihre Fabrik jedes Jahr Rüben aus der Ochsenfurter Gegend zu süßem Zucker. Im Herbst bis zur Weihnachtszeit fahren die Bauern ihre geernteten Rüben nach Ochsenfurt, wo sie auf dem Gelände der Zuckerfabrik zu riesigen Bergen aufgetürmt werden. Sie sind fast ein Wahrzeichen geworden, weil man sie gut sehen kann, wenn man aus Richtung Marktbreit nach Ochsenfurt kommt. In der Werbung vergangener Tage erschien die Südzuckersusi; was lag da näher, als eine Ochsenfurter Zuckerfee zu wählen – nicht als Produktkönigin, sondern als Repräsentantin und Werbefigur für die Stadt.

Südzucker ist das wichtigste Unternehmen in Ochsenfurt. 1951 wurde das Werk eingerichtet. Das Werk ist mehrmals erweitert worden und heute durchaus interessant anzusehen. Wer einen Blick für Industrie-Design hat, kann sich an Silos, Schmelzöfen, Förderbändern und vielem mehr erfreuen.

In der Saison werden pro Tag rund 15.000 Tonnen Rüben angeliefert und zu Zucker verarbeitet. Die jährliche Produktion des Werkes reicht aus, den Bedarf von fast 7 Millionen Verbrauchern zu decken.

Ein Zuckerwerk ist auf die Landwirte angewiesen. Deshalb hat Südzucker auch mehr als 4.200 Bauern unter Vertrag, die Zuckerrüben anbauen und an das Werk Ochsenfurt liefern. Das Anbaugebiet erstreckt sich nach Norden bis zur Rhön und bis Ansbach im Süden sowie nach Osten bis Bamberg und nach Westen bis zum Spessart.

Den größten Teil des erzeugten Zuckers verkauft das Unternehmen als lose, kristalline Ware an die weiterverarbeitende Lebensmittelindustrie; der Rest geht als Weißzucker, Raffinade und Puderzucker in Säcken an Weiterverarbeiter.

Wenn die Ochsenfurter Zuckerfee zu Besuch ist, gibt es ein kleines Fest. Beliebt sind dabei trockene Weine auch bei den süßen Südzucker-Managern.

In Ochsenfurt wird der Glücks-Zucker für den Haushalt produziert, Zuckerstückchen in besonderen Formen: Herz, Pik, Kreuz, Karo.

45

Kneipp-Werke
Johannes-Gutenberg-Straße 8
97199 Ochsenfurt-Hohestadt
0931 80020
www.kneipp.de

WO WASSER HEILT

Kneipp-Werke in Hohestadt

»Alles was wir brauchen, um gesund zu bleiben, hat uns die Natur reichlich geschenkt«, behauptet Sebastian Kneipp.

Viele Menschen werden dieser Aussage auch heute noch zustimmen. Das ganzheitliche Denken Sebastian Kneipps (1821–1897) ist mehr als aktuell. Es hat Eingang in die naturheilkundliche Medizin gefunden. Kneipp, Pfarrer und Naturheilkundler, hat seine Erkenntnisse über die heilende Wirkung von Wasser und Heilpflanzen in eine systematische Lehre gefasst und schuf ein durchaus visionäres Lebenskonzept. Eigentlich leicht zu beschreiben: Natur und Mensch sind eine ausgewogene Einheit. Wasser, Pflanzen, Bewegung, Ernährung und Balance stehen in einem engen Zusammenhang. Daraus ergeben sich Empfehlungen für ein naturnahes Leben.

Kneipp steht mittlerweile nicht nur für ein wissenschaftliches Konzept, sondern auch für naturheilkundliche Produkte. Daraus hat sich ein Unternehmen gebildet, das solche Produkte herstellt. Es hat seinen Sitz in Hohestadt, einem Vorort von Ochsenfurt. Auf dem Gelände befindet sich eine *Erlebniswelt*, vielleicht ein bisschen großspurig ausgedrückt, aber doch ganz unterhaltsam: Im Kräutergarten kann man sich inspirieren lassen. Ein Kneippbecken lädt zum Fußbad ein – und es gibt auch noch ein bisschen mehr, Wassertretbecken, Armbad und Barfuß-Fühlpfad. Kneipp hat dazu gesagt: »… für den gesunden Menschen ein vorzügliches Mittel, seine Gesundheit und Kraft zu erhalten, so ist es auch in der Krankheit das erste Heilmittel; es ist das natürlichste, einfachste und – wenn recht angewendet – das sicherste Mittel. Das Wasser ist mein bester Freund und wird es bleiben, bis ich sterbe.«

Nun genügt manchen Menschen das Wasser nicht. Sie streben zum Fabrikverkauf, in dem man eine unüberschaubare Anzahl von Heil-, Wellness- und Hoffnungsprodukten einkaufen kann, natürlich alles zu allerbesten Preisen.

Die Philosophie: »Das Wasser ist mein bester Freund und wird es bleiben, bis ich sterbe.« (Sebastian Kneipp)

46

Kartäusermuseum (Kirche, Kloster)
Konventstraße 3
97199 Ochsenfurt-Tückelhausen
0931 38665600
www.ochsenfurt.de

15 STATIONEN BIS ZUR AUFERSTEHUNG

Kirche des Kartäuserklosters in Tückelhausen

Wenn das Museum des Kartäuserklosters geschlossen hat, muss man sich nicht entmutigen lassen. Man geht in den Klosterinnenhof, genau dort, wo der Eintritt verboten ist, weil hier der landwirtschaftliche Teil des Klosters beginnt. Aber eben auch der Eingang zur Kirche ist.

Sie ist nicht spektakulär, doch ein Kreuzweg von Karl Clobes prägt den Raum beeindruckend. An beiden Wänden des Längsschiffes: zwei Mal sieben Stationen, und noch eine Zusatzstation in einem einzelnen Rahmen: die Auferstehung. Abgesetzt und abgehoben, weil sie eigentlich nichts mit dem Leben Jesu zu tun hat, sondern in die Ewigkeit weist.

Die Bilder kontrastieren mit dem Kirchenrahmen, der von Rokoko-Elementen beeinflusst wird. Sie sind klein und wirken fast etwas verloren in der großformatigen Kirche. Man ist gezwungen, genauer hinzusehen. Im Mittelpunkt der Bilder steht die Gestalt Jesu. Die außerdem auftretenden Akteure werden reduziert auf Schatten. So zeigt der Kreuzweg gut auf, dass sich alles um Jesus dreht. Die Menschen um ihn herum, selbst wenn sie Macht und Herrschaftswissen besitzen, sind eigentlich nur Statisten im Weltgeschehen. Sie können sich in ihrer Bedeutung niemals mit Jesus messen, sie verschwinden eher im Gewusel des menschlichen Daseins. Ein faszinierender Blickwinkel.

Karl Clobes (1912–1996) kam im Jahre 1947 nach Tückelhausen, um beim Neu- und Wiederaufbau von Kirchen tätig zu werden. Er richtete in den Räumen der ehemaligen Kartause sein Atelier ein. Für seine freien Arbeiten hatte er kaum noch Zeit. Das ist schade, denn in diesen hat er seinen eigenen Stil entfaltet und Tafel- sowie Wandbilder in Secco-Technik erschaffen, also Malereien nicht auf frischem, sondern getrocknetem Putz. Er nutzte die gleiche Technik wie andere berühmte Vorbilder, zum Beispiel Leonardo da Vinci.

Das Kartäusermuseum bietet einen Einblick in die Geschichte der fränkischen Kartäuserklöster und zeigt das Alltagsleben der Mönche.

47

Torturmtheater
Hauptstraße 1
97286 Sommerhausen
09333 268
www.torturmtheater.de

Theater Sommerhaus
Kirchgasse 11
97286 Sommerhausen
09333 9049867
www.theater-
sommerhaus.de

WEITE KULTUR IN ENGEN RÄUMEN

Torturmtheater

Theaterliebhaber kommen aus ganz Deutschland nach Sommerhausen, weil hier in der Provinz großes Theater zu Hause ist. Zuerst das Torturmtheater, das Sommerhausen weit über Franken hinaus bekannt gemacht hat. Es wurde 1950 von Luigi Malipiero gegründet, aber eher aus Versehen. Eigentlich wollte er sich in Würzburg niederlassen, fand aber in der ausgebombten Stadt keine Behausung. Da machten ihn Freunde auf Sommerhausen aufmerksam. Das entschied sein weiteres Leben, aber auch die Entwicklung von Sommerhausen: 1944 zog er in den Ort.

Das Theater befindet sich, wie der Name sagt, in dem Torturm, durch den man die Stadt betritt, wenn man aus Würzburg kommt. Es hat den Ruf, das kleinste Theater Deutschlands zu sein.

Nach dem Tod Malipieros 1975 übernahm der österreichische Autor, Regisseur, Schauspieler und Maler Veit Relin das Torturmtheater. Unter seiner Leitung konnten sich junge Autoren beweisen. Viele Stücke mit recht schwarzem Humor standen auf dem Aufführungsplan. Seit seinem Tod im Januar 2013 ist Angelika Relin für das Theater verantwortlich.

Man sitzt auf seidenen Kissen in wenigen Stuhlreihen im Turm direkt über der Straße, und vor allem ganz nah am Geschehen auf der Bühne. Es ist kuschelig, manchmal sehr warm. Aber die unmittelbare Nähe zwischen Schauspieler und Publikum bietet ein einzigartiges Kulturerlebnis.

Es ist bemerkenswert, wenn so ein Theater in einem kleinen Ort wie Sommerhausen existiert. Aber es gibt sogar noch ein weiteres Theater, quer gegenüber: das Theater Sommerhaus. Es befindet sich etwas versteckt in einem Gewölbekeller unter einer Gastwirtschaft. Das Ambiente ist ebenfalls anziehend, das Theater ähnlich klein und man kann auch hier die Künstler hautnah erleben. Sommerhausen ist Theaterhochburg.

In Sommerhausen gibt es nicht nur Theater, sondern auch eine Vielzahl von Galerien. Wein und Kunst ziehen sich anscheinend an.

48

Weingut Schloss Sommerhausen
Hauptstraße 25
97286 Sommerhausen
09333 260
www.weingut-schloss-sommerhausen.de

WEIN SEIT JAHRHUNDERTEN

Weingut Schloss Sommerhausen

»… zu den vornehmsten Gebäuden gehört das Schloss, so man insgeheim Kellnerey zu nennen pflegt, weil darinnen gar herrliche Keller sind, die jährlich mit dem herrschaftlichen Gültwein versehen werden …« So heißt es in einer Schrift aus dem Jahre 1739 über das große, den Ort dominierende Schloss.

Die Winzertradition lässt sich urkundlich bis ins Jahr 1653 zurückverfolgen. In der 10. Generation kam das Schloss in das Eigentum der Familie Steinmann, die es seither zum Mittelpunkt ihrer Winzertradition machte. Auf etwa 20 Hektar gedeihen die klassischen Rebsorten Silvaner, Riesling, Grauer Burgunder und Weißer Burgunder. Als Spezialitäten werden auch noch Rieslaner, Frühburgunder, Chardonnay und Auxerrois angebaut. In den Hang- und Steillagen von Sommerhausen wachsen die Weine auf Muschelkalk und Keuper prächtig.

Daraus entstehen fränkisch trockene Weißweine: mit ausgeprägter Frucht und lebendigem, harmonischen Charakter. Einige reifen sogar im Barriquefass. Darüber hinaus ist der Winzer stolz auf seine edelsüßen Raritäten, die lange Zeit im Schlosskeller lagern, der einen Besuch wert ist. Beim Ausbau der Rotweine bedient sich der Winzer sowohl der klassischen Maischegärung als auch der malolaktischen Fermentation. Daraus resultiert ein biologischer Säureabbau, der bei der Weinherstellung die geschmackliche Harmonie und Ausgewogenheit fördert. Ausgewählte Weine werden zu Sekt veredelt. Wichtig ist dem Winzer die traditionelle Flaschengärung nach dem Champagnerverfahren und eine mehrjährige Lagerung. So ergibt sich die außergewöhnliche Qualität.

Und schließlich hat der Winzer noch edle hausgebrannte Destillate aus vollreifen Früchten im Programm, viele Jahre in kleinen Eichenholzfässern gelagert. Sie schmecken mild und ausdrucksvoll wie die ursprüngliche Frucht. Ein Genuss, sie im Schlossgarten zu verkosten.

Im Schloss gibt es darüber hinaus auch eine kleine Kunstgalerie mit einem fantasievollen Angebot an kleinen und großen Kunstwerken.

49

Galerie Rougerie
Im Roten Turm
Am Berghof 13
97286 Sommerhausen
09333 904690

Werkraum
Jahnstraße 11
97286 Sommerhausen
0163 3374716

Informationen zu den Galerien:
www.sommerhausen.de

KUNST IM WEINORT

Spaziergang zu den Galerien

Sommerhausen ist ein Hort für Kultur und Kunst. Am besten erkennt man dies beim jährlichen Adventsmarkt, wenn die Häuser geöffnet sind und überall Kunst hervorlugt. (Natürlich gibt es auch Glühwein und Plätzchen.) Aber Kunst-Öffentlichkeit ist nicht auf den Adventsmarkt und auf die Weinfeste beschränkt. Spaziert man durch die Stadt bergan, dorthin, wo die Weinberge beginnen, dann kommt man zu einem schlanken Stadtmauerturm. Dort befinden sich gleich zwei Galerien, eine Galerie im Turm und eine im Garten des Turms. In dem kleinen Raum im Turm findet man Kunsthandwerk und Kleidung, schicke Kleinigkeiten, gut für »Frau geeignet«. Im kleinen Garten um den Turm stehen Schmiedearbeiten der Kunstschmiede Mützel, die behauptet, dass sie auch die schwierigsten Aufträge in Metall erfüllen kann. Die Farbe Rot dominiert – vielleicht, weil der Turm eben auch der »rote Turm« ist und die Galerie *Rougerie* heißt. Tipp: Im Garten kurz niederlassen und Kunst in Verbindung mit Geschichte genießen.

Im Ort gibt es noch mehr Kunstecken. Zum Beispiel die *Scherenschnittwerkstadt* von Frank H. Lindner am Ochsenfurter Tor. Aus 80 verschiedenen Scherenschnittmotiven kann man auswählen. Sie stellen Landschaften, Gebäude oder Märchenmotive dar. In der *Schmuckleria* gibt es Mode- und Trachtenschmuck. In der *Kleinen Perle am Main* kann der Besucher in einer Schatzkiste voller Schmuckstücke, Andenken und Geschenke wühlen und das Passende finden. Schön ist es, im *Vogelhaus* zu stöbern. Hier gibt es vielerlei Vogelhäuschen und -villen. Die Erbauer haben sich vom rechten Winkel verabschiedet. Es entstanden schräge, krumme und schiefe farbenfrohe Vogelparadiese. Die Vögel sind jedenfalls begeistert.

Der *Werkraum* ist Atelier und Galerie für bildende Kunst, Design und Antikes. Im Keramik-Atelier ist man umgeben von zahlreichen Engeln aus Porzellan.

50

Ausführliche Informationen am **Brunnen auf dem Heumarkt**

Lügensteinweg
Startpunkt: Kapellensteige
am Ortsausgang
97246 Eibelstadt

LÜGEN MIT KULTIVIERTEN BEINEN

Lügensteinweg

Die Eibelstädter müssen mit einem großartigen Fake leben. Nun haben sie den Spieß herumgedreht und daraus eine Touristenattraktion gemacht. Auf dem Eibelstadter Kapellenberg, der Fundstätte der Lügensteine, gibt es einen Wanderweg, der auf Schautafeln von der Lügengeschichte erzählt.

Eibelstadt ist seit vielen Jahrhunderten für seinen guten Wein bekannt, der insbesondere auf dem Kapellenberg wächst. Genau dort hat man im Jahre 1725 über 2.000 Versteinerungen im Muschelkalk gefunden. Den Eibelstädtern wäre das vielleicht gar nicht aufgefallen, aber der berühmte Würzburger Professor Dr. phil. und Dr. med. Johann Bartholomäus Adam Beringer veröffentlichte dies in einer *Lithographia Wirceburgensis.* Man hatte nicht nur versteinerte Skelette, sondern gar ganze Tierkörper im Gestein gefunden. Auch kryptische Schriftzeichen fehlten nicht. Schon damals bemerkte man aber relativ schnell, dass diese Fossilien Fälschungen waren.

Die Geschichte dieser Lügensteine kann man bei einer Wanderung auf dem Lügensteinweg durch den Kapellenberg auf Schildern nachlesen. Es hat etwas von einem Kriminalfall: War Professor Beringer das Opfer oder der Täter? Welchen Zweck sollte die Fälschung verfolgen – eine große Werbekampagne für Beringer, die Universität, die Region? Hatte das Hochstift seine Finger im Spiel? Oder gab es noch weitere, unbekannte Akteure in der ganzen Sache? Heute beschäftigen sich Historiker damit – nicht die Geologen, doch alle Details werden sich wohl nie klären lassen. Die Besucher und Wanderer werden aufgefordert, ihre Mutmaßungen der Stadt Eibelstadt zukommen zu lassen. Vielleicht schafft ein findiger Besucherkopf die Lösung.

Mitten im Ort hat man mit einem modernen Brunnen die Lügengeschichten ebenfalls thematisiert, in schönem Kontrast zu den altehrwürdigen Gebäuden.

Einige Originalsteine kann man im Heimatmuseum Eibelstadt (Hauptstraße 12) sehen. Geöffnet an Sonntagen von Mai bis Oktober.

WEINTRAUBEN – INSPIRATION PUR

In und um die Stadt herum

»Welterbe. Weingenuss. Wohlgefühl.« lautet der Stadt-Slogan von Würzburg. Wohlgemerkt mit drei Punkten.

Welterbe, das ist klar: Der größte Baumeister des deutschen Barock, Balthasar Neumann, hat seine Spuren hinterlassen mit der Residenz und dem wahrscheinlich schönsten Treppenhaus der Welt. Ebenso Tilman Riemenschneider und Giovanni Battista Tiepolo. Bei einem Spaziergang durch Würzburg kann man dem Welterbe gar nicht entkommen. Um Welterbe geht es in diesem Buch aber nicht.

Weingenuss, das ist sicher. In Würzburg gibt es die größten Weingüter Frankens und darum herum jede Menge Weinberge. Dabei ergänzt sich soziales Engagement mit Weinanbau, eine interessante Kombination.

Da ist das Wohlfühlen nicht weit. Die Würzburger feiern gerne und sind aufgeschlossene Menschen. Ein Bummel durch die Fußgängerzone ist allein schon für sich ein Genuss.

Wahrscheinlich deswegen gibt es keine Hektik, keine großen Staus, keine Unruhe – trotz der rund 120.000 Einwohner, mit denen sich Würzburg als Großstadt fühlen könnte. Würzburg ist das Zentrum des Mainfrankenlandes, die Stadt liegt zu beiden Seiten des Mains, mitten im Maindreieck. Sie ist Sitz des Regierungsbezirks Unterfranken, also schon ein bisschen Hauptstadt. Außerdem Sitz des Landratsamtes und ein Bischofssitz. Also eine gesittete und religiöse Stadt. Und stolz ist man natürlich auch auf die Julius-Maximilians-Universität, die schon 1402 gegründet wurde, sodass Würzburg eine der ältesten Universitätsstädte Deutschlands ist.

Und da bin ich schon wieder bei meinem Lieblingsplatz-Problem. Ich habe in Würzburg lange gezögert, ob ich überhaupt Lieblingsplätze auswählen sollte, weil ich mir unfair vorkomme gegenüber denen, die ich nicht erwähnen kann. Ich war unfair. Darüber hinaus möchte ich einen Spaziergang in der Sanderstraße empfehlen. Da gibt es noch eine Wachszieherei, das Café Rudowitz mit gemütlicher Wohnzimmeratmosphäre und viele andere Studentenlokale, kleine Krimskrams-Läden. Lassen Sie sich durch Würzburg treiben. Sie werden noch viele Lieblingsplätze entdecken. Randersacker habe ich auch gestrichen, obwohl das einen sehr schönen Altstadtkern hat und einen kleinen Pavillon von Balthasar Neumann. In Veitshöchheim müssen Sie unbedingt noch einen Spaziergang an der Mainpromenade entlang machen und vielleicht ins jüdische Kulturmuseum schauen. In Rimpar sollte man sich das Schloss ansehen. In Karlstadt steht auch eine Burg, die Karlsburg. Überhaupt gibt es in dieser Gegend sehr viele Burgen und Schlösser. Viele davon würde ich zu meinen Lieblingsplätzen zählen – wenn es nicht noch schönere gäbe. In Gemünden gehören die Ruinen-Schlösser Scherbenburg und Schönrain dazu, in Höllrich das gleichnamige Schloss und in Hammelburg die ganze Innenstadt mit dem Franziskanerkloster.

In Thüngersheim haben eine ganze Reihe von Künstlern ihr Atelier, immer einen Besuch wert. Das Alte Rathaus von Retzbach gefällt mir sehr gut, ein Fachwerkbau mit achteckigem Erker von 1576 und die barocke Pfarrkirche St. Laurentius, eine Schöpfung von Balthasar Neumann. Und dann natürlich die Wallfahrtskirche Maria im grünen Tal. Die Wallfahrt ist dort schon seit 1229 nachgewiesen. In Aschfeld gibt es eine sehenswerte Kirchenburg, ebenso in Eußenheim.

Man muss bedenken, dass man zumindest bei gutem Wetter immer wieder mal pausieren sollte – in den Häckerwirtschaften in den Orten oder direkt in den Weinbergen. Denn der Weingenuss gehört eben mit dazu. Manche muss man selbst finden, einkehren und den Wein probieren. Nicht vergessen, dass es in dieser Wein-Region bereits den roten Franken gibt. Hammelburg ist dafür durchaus bekannt.

Durch die Weinberge kann man zu jeder Jahreszeit wandern und spazieren. Wenngleich mir die Weinlese am besten gefällt.

52

Weingut Juliusspital
Klinikstraße 1
97070 Würzburg
0931 3931400
www.juliusspital-weingut.de

HEILIG. WEIN. STIFTUNG.

Weingut Juliusspital

Mit was bringt man den Namen Juliusspital in Verbindung? Die Weinliebhaber werden sogleich an den berühmten Wein denken, der Unkundige wird wahrscheinlich aufgrund des Namens eher auf Krankenhaus tippen. Beide haben recht. Das Juliusspital ist eine Stiftung mit mehreren Geschäftsbereichen. Einer beschäftigt sich mit Seniorenstift, Hospiz und Bildungseinrichtungen, ein anderer betreibt das Krankenhaus und noch ein weiterer Geschäftsbereich verantwortet Landwirtschaft, Weinbau und Forsten. Die Krankenhausarbeit ist beeindruckend, ein 342-Betten-Haus, ein akademisches Lehrkrankenhaus mit diversen Fachdisziplinen. Fürstbischof Julius Echter von Mespelbrunn rief 1576 diese Stiftung ins Leben. Schon damals war klar, dass sich das Werk langfristig nur tragen kann, wenn es über eine dauerhafte, gesunde wirtschaftliche Grundlage verfügt. So wurde die Stiftung ausgestattet mit Weinbergen, Feldern und Wäldern. Und das Konzept ging auf, die Stiftung konnte sich aus diesem Vermögen finanzieren.

Es muss einen glücklich machen, wenn man sein Dasein mit Wein finanzieren kann. Wein ist Kultur – Weingenuss jedoch ein Vergnügen, das vielen zugänglich ist. Jawohl, lieber Stifter, scharf beobachtet.

Seit Jahrhunderten besitzt das Juliusspital Weinlagen in ganz Franken, weit über Würzburg hinaus – und ist damit sogar das zweitgrößte Weingut in ganz Deutschland. Auch die legendäre Vogelsburg mit ihren Weingütern gehört der Stiftung. Der Wein-Geschäftsbereich trägt seit mehreren Jahrhunderten die Verantwortung, nachhaltig mit der Natur umzugehen, damit auch morgen noch beste Weine produziert werden. Dafür engagieren sich seine Manager. Wenn man die Weine des Juliusspitals trinkt, weiß man, dass man neben dem Genuss auch noch ein gutes Werk tut. Was kann schöner sein im Leben?

Wenn man den Wein probieren will, geht man in die Vinothek in der Koellikerstraße 1a in Würzburg oder man bestellt sie online nach Hause.

58

Stiftung Bürgerspital zum Heiligen Geist
Theaterstraße 19
97070 Würzburg
0931 35030
www.buergerspital.de

WO DER BOCKSBEUTEL ERFUNDEN WURDE

Bürgerspital

Eine uralte Stiftung. Johannes von Steren (ca. 1270–1329), ein Würzburger Patrizier ministerialischer Herkunft, überließ um 1316 ein Anwesen mitten in Würzburg zur Aufnahme pflegebedürftiger Menschen und begründete damit das heutige Bürgerspital. Doch erst seit dem 16. Jahrhundert wird es so genannt. Dahinter steht die Einsicht, dass mit der schnell wachsenden Stadtbevölkerung sich auch die Bürger an der bisher allein von der Kirche getragenen Sozialfürsorge beteiligen müssen. Die Stifterfamilie garantierte die Versorgung der Spitalbewohner durch die Vermögenswerte von 13 Morgen Weinbergen. Das war aber nicht ausreichend für ein finanziell gesundes Fundament. Deshalb erfolgte die Umwandlung in eine Bürgerstiftung. Viele wohlhabende Bürger Würzburgs beteiligten sich.

Heute gehören zu den Aufgaben der Stiftung Senioreneinrichtungen, ambulante Pflegedienste, geriatrische Rehabilitationseinrichtungen. Finanziert wird dies auch durch Weinberge mit 120 Hektar Rebfläche. Das Weingut, fast 700 Jahre alt, zählt zu den größten in Deutschland, fühlt sich der Qualität und Tradition verpflichtet. Die Winzer setzen auf die klassischen Rebsorten der Region: Riesling, Silvaner und Burgunder. Bekannt ist das Bürgerspital durch die renommierten Würzburger Weinlagen Stein, Stein-Harfe, Innere Leiste, Abtsleite und Pfaffenberg. Außerdem nimmt man für sich in Anspruch, das Geburtshaus des Bocksbeutels zu sein – anno 1726.

Es gibt einen Erklärungsversuch, wie der Bocksbeutel überhaupt entstanden ist: Angeblich wurde er dem Hodenbeutel eines Ziegenbocks nachempfunden. Bevor Wein in Glasflaschen gefüllt wurde, nutzte man Tierhäute als Behälter für Wein, in Form eben eines Hodenbeutels. Der Name macht diese Legende sogar wahrscheinlich. Den Wein probieren kann man in der Probierstube in der Theaterstraße 19, in Würzburg.

Bereits um 1600 soll es bauchige Flaschen dieser Art in Frankreich, den Niederlanden und England gegeben haben. Vielleicht haben sie sich auch von Ziegenböcken inspirieren lassen.

54

Im Gewerbegebiet Gattinger Straße steht das **Müllheizkraftwerk Würzburg**
Gattingerstraße 31
97076 Würzburg
0931 660580 (Geschäftsstelle des Zweckverbandes Abfallwirtschaft)
www.zvaws.de

WEG MIT DEM MÜLL

Müllheizkraftwerk

Ob so ein gewaltiger Komplex wie das Würzburger MHKW, ausgeschrieben Müllheizkraftwerk, eine Schönheit sein kann, muss jeder für sich beurteilen. Ich finde die gewaltigen Bauten, die hohen Schornsteine, die geballte Macht zumindest beeindruckend. Hier steht man als kleiner Mensch vor einem Industriegiganten. Es versteckt sich nicht, im Gegenteil, es hat als erstes Müllheizkraftwerk im süddeutschen Raum ein Informationszentrum für Abfallwirtschaft geschaffen. Man will nichts verheimlichen. Jeweils 70 Besucher finden Platz und können das Müllverbrennungswerk besichtigen.

Als man vor etwa 30 Jahren das MHKW erbaute, stanken die Müllberge in den Himmel. Man wusste nicht wohin mit dem Wohlstandsmüll. Einen Ausweg stellte die Müllverbrennung dar, allerdings nicht von allen geliebt. Heute ist das Verhältnis besser geworden. Die Technik hat weitgehend überzeugt und die Tatsache, dass die Anlage Gewinn erwirtschaftet, erfreut natürlich noch mehr. Trotz der hohen Investitionskosten ist der Träger, ein Zweckverband, schuldenfrei und hat sogar noch ein Polster auf der hohen Kante.

Wenn man dies alles weiß, sieht das Industriegebäude noch viel schöner aus. Gut, in Wien hat man den Künstler Hundertwasser ein Kraftwerk bemalen lassen. Dieses Geld wollten sich die zurückhaltenden Franken vermutlich sparen, aber dennoch wirken die Bauteile in Form und Struktur, in Linienführung und Oberflächengestaltung unterschiedlich und durchaus künstlerisch, so als hätte ein Eventkünstler den Aufbau konstruiert. Drum herum wurden Bäume, Büsche und Gras gepflanzt, um das Werk in einen grünen Rahmen zu betten. Nun aber genug: Wer sich auch noch mit der Effizienz und Technik beschäftigen möchte, sollte einen Besuch zum Informationszentrum unternehmen und sich durch die Anlage führen lassen. Dazu allerdings muss man sich anmelden.

Zur Anmeldung wendet man sich an die Geschäftsstelle des Zweckverbandes Abfallwirtschaft. Das Informationszentrum kann man auch samstags oder abends besuchen.

55

Museum im Kulturspeicher
Oskar-Laredo-Platz 1
97080 Würzburg
0931 322250
www.kulturspeicher.de

MODERNE KUNST IN ALTEN RÄUMEN

Kulturspeicher

Wie passt das zu Würzburg? Man ist eher konservativ, barock, geschichtlich orientiert. Nun leistet sich die Stadt einen Kulturspeicher. Schon der Name: eher unbotmäßig.

Er wirkt wie ein lang gestreckter Riegel mit drei überhaupt nicht passenden, sogar neo-barocken Schweifgiebeln. Es ist der ehemalige Getreidespeicher, der 1904 erbaut wurde, parallel zum Main. Angeblich galt der Bau damals als eines der fortschrittlichsten Lagerhäuser bayerischer Binnenhäfen.

Von 1996 bis 2001 wurde er umgebaut. Der Charakter einer industriellen Zweckarchitektur blieb erhalten. Im zwölf Meter hohen, mit Glas gedeckten Foyer stehen noch immer, gut eingefügt, die historischen Stützen. So blieb der historische Rahmen mit den historischen Fenster- und Torformen bestehen, ansonsten wurde viel Licht in den Bau gebracht.

Der Bau passt bestens zur Sammlung Peter C. Ruppert, zeigt seit 2002 30 Jahre Sammeltätigkeit von Konkreter Kunst. Zeitspanne: ab dem Zweiten Weltkrieg bis in die Gegenwart. Sechs Räume mit Titeln wie *Farbe als Element*. Man kann sich vorstellen, dass dieser Raum sehr farbig ist – flächig farbig. Die Künstler kommen aus ganz Europa mit unterschiedlichsten Ansätzen, Materialien, Ansprüchen, Hintergründen.

Da steht Neonkunst und runde, filigrane Kugelskulpturen neben eckig-blauen Bodenzacken. Wer sich auf einen Spaziergang durch diese Sammlung einlässt, wird von Ausstellungsecke zu Ausstellungsecke überrascht. Und es passt eben doch zu Würzburg, wenn man seine Vorurteile abgelegt hat.

Man versucht, es den Besuchern einfach zu machen. Man bietet: Kunstapéritif zum Feierabend, Klangraum Kulturspeicher, Künstlerinnen und Künstler im Gespräch und mehr, eine Quelle von vielerlei Kunstgenuss für potenzielle Genießer. Auch die Sonderausstellungen überraschen. Manches große Museum wäre stolz darauf.

Kunst geht fremd: In einem Museums-Netzwerk tauschen Museen untereinander ihre Kunst aus und arrangieren interessante Ausstellungen.

56

Riemenschneider-Altar in der Klosterkirche
Riemenschneiderstraße
97222 Rimpar-Maidbronn
www.kath-pfarrei-rimpar.de

TROTZ ALTAR UNBEKANNT

Riemenschneider-Altar in Maidbronn

Es heißt ganz knapp in den Annalen: »Im Jahr des Herrn 1235 wurde das 1232 gegründete Zisterzienserinnenkloster zu Bergerbrunn bei Würzburg an den hiesigen Ort verlegt.«

In die Wildnis. Hier gab es nichts. Über lange Zeit. Dennoch entstanden eine mächtige Klosterkirche und vielerlei Klostergebäude im Umkreis. Die Blütezeit waren die Anfangsjahre. Dann ging es bergab, weil man das Kloster nur unzureichend mit Gütern und Leibeigenen ausgestattet hatte, sodass sich schnell wirtschaftliche Nöte einstellten. Und um 1525 rebellierten die Bauern, brannten das Kloster nieder, zerstörten, was sie zerstören konnten.

In eben diesen Jahren schuf Tilman Riemenschneider, der mir eigentlich hauptsächlich wegen seiner Holzbearbeitung bekannt ist, das steinerne Altarrelief. Der Zeitpunkt ist wichtig, denn es war bereits alles verloren. Das Kloster vermochte sich von den Schäden der Bauernhaufen nicht mehr zu erholen. Und zum Trotz schuf Tilman Riemenschneider das Altarwerk: Maria beweint ihren toten Sohn Jesus. Er hat sich selbst abgebildet, in der Person des Ratsherrn Nikodemus, als heimlichen Anhänger Jesu. Es ist ein beeindruckendes Trauerwerk, Trauer um Jesus, Trauer um das Kloster. Es ist vorbei. 1581 ließ Fürstbischof Julius Echter den Konvent schließen.

Einem Bericht kann man entnehmen, dass die Ackerfläche des Klosters nach dessen Auflösung an drei Bauern gegeben wurde. Daraus entstand der Ort. Aber er wuchs nur spärlich, abseits von allen Handelsrouten. Erst 1905 wurden die unbefestigten Feldwege, die nach Rimpar führten, in Eigeninitiative ausgebaut. Und erst zu diesem Zeitpunkt kehrte etwas Zukunft in das Bauerndorf ein. Maidbronn ist auch heute noch unbedeutend, kaum bekannt und selten verirrt sich ein Besucher an diesen Ort. Der Riemenschneider-Altar ist zwar eine historische Kostbarkeit, aber eben auch weitgehend unbekannt geblieben.

Maidbronn gehört zum Markt Rimpar. Rimpar hat übrigens ein sehr interessantes und sehenswertes Schloss. Heute Sitz der Verwaltung.

57

Hofgarten
Echterstraße 10
97209 Veitshöchheim
0931 91582
www.schloesser.bayern.de

Schloss- und Gartenverwaltung Würzburg
Residenzplatz 2, Tor B
97070 Würzburg
0931 355170
www.residenz-wuerzburg.de

ANTIKEN GÖTTERN DIE HAND GEBEN

Hofgarten

In Veitshöchheim ist die Bayerische Landesanstalt für Weinbau und Gartenbau angesiedelt. Gut, wenn man so viel Garten vor Ort hat. Winzer, Kellermeister, Imker und Gärtner, alle Fachrichtungen profitieren von den Ergebnissen der Lehrmeister.

Der Hofgarten wurde von den Würzburger Fürstbischöfen angelegt und gilt noch heute als einer der schönsten seiner Art in Deutschland. Zwischen Alleen und heckenumsäumten Wegen findet man immer wieder neue Blickwinkel, Ausblicke, vielleicht auch Einblicke: Heckensäle, Lauben, Pavillons, Rondelle und nicht zuletzt den Großen See mit der Parnassgruppe – einem Höhepunkt des Parks. Etwa 300 Skulpturen der Würzburger Hofbildhauer stehen hier – natürlich aus der barocken Vorstellungswelt: antike Gottheiten, Allegorien, Tierdarstellungen. Das ist heute nicht mehr jedermanns Geschmack, passt aber schon zu einem Balthasar-Neumann-Schloss.

1619 erwarben die edlen Herren des Hochstifts Würzburg die Ländereien, um ihren Jagdgelüsten nachzukommen, sowie eine Fasanerie, um einen kleinen Tiergarten einzurichten. Über Gartengestaltung machte man sich erst 100 Jahre später Gedanken. 1721 wurde ein erster Garten angelegt, ab 1763 dieser umgestaltet in einen Rokoko-Garten. 1803 Säkularisation. Niemand interessierte sich mehr für den Garten, bis der bayerische König Max I. Joseph 1823 entschied, den Garten in seiner ursprünglichen Anlage zu erhalten. Ab 1919 zeichnete die Bayerische Schlösserverwaltung verantwortlich und die staatliche Lehranstalt für Wein- und Gartenbau durfte ihn bis 1958 nutzen.

Wem in Garten und Schloss ein bisschen zu viel Rokoko ist, der kann dem Wein- und Kulturlehrpfad folgen, der 2009 angelegt wurde. Er führt durch die Weinlage Sonnenschein und erklärt den Besuchern auch Interessantes über die einzigartige Landschaft und die biologischen Zusammenhänge von Boden und Pflanzenwelt.

Im Erdgeschoss des Schlosses steht ein Modell, das den Rokokogarten in der Blüte seiner Entwicklung gegen Ende des 18. Jahrhunderts zeigt.

58

St. Vitus
Herrnstraße 1
97209 Veitshöchheim
www.veitshoechheim-kirchen.de

IM WAPPEN DOKUMENTIERT

Wallfahrtskirche St. Vitus

So mancher Ort bildet sich viel ein auf sein Wappen. In Veitshöchheim ist man eher verhalten, schließlich zeigt das Wappen vor aufreizendem Rot im Mittelpunkt einen goldenen Kochtopf auf dem Feuer. Darinnen steckt der nackte Vitus, leidend, entrückt, bereits mit Heiligenschein um den Kopf. Das Wappen besagt zunächst: Die guten alten Zeiten gab es nicht. Obwohl sich viele Menschen gerade an diesem Ort ihr Heil erhofften. Veitshöchheim war schon um 1290 ein wichtiger Wallfahrtsort. Patron ist der Heilige Vitus. 1301 schreibt man das erste Mal von einem »Höchheim ad sanctum Vitum«. Das Wappen stammt aus dem Jahr 1563, verliehen vom Würzburger Fürstbischof Friedrich von Wirsberg.

Warum musste es gerade der Knabe Vitus werden? Seine Eltern waren aus Sicht des katholischen Glaubens Heiden. Er wurde jedoch auf Bestreben eines christlichen Ehepaars getauft und von ihnen erzogen. Sein Vater war darüber außer sich. Die Legende verkündet, dass Vitus den Sohn des Kaisers Diokletian von einer Besessenheit geheilt haben soll. Als Dank wurde der Zwölfjährige jedoch in den Kerker gesperrt und musste in einem Kessel mit siedendem Pech sein mutiges Christsein beenden. Der Kessel wurde zum Merkmal des Heiligen. Heute soll er bei Epilepsie (auch »Veitstanz« genannt), Tollwut, Schlangenbiss, Blitz und Unwetter helfen.

In Veitshöchheim ehrte man den Vitus in der Pfarrkirche. Ein erster Kirchenbau stammt aus dem 13. Jahrhundert, von dem noch der romanische Turm erhalten ist. Im 17. Jahrhundert ordnet Fürstbischof Johann Gottfried von Guttenberg den Neubau an, zeitgleich mit dem Bau des Schlosses. Das Langhaus ist eine Saalkirche mit einem Chor aus gotischen Elementen und einer repräsentativen Barockfassade. Auch im Inneren glänzt der Barock. Der Hauptaltar ist dem Heiligen Vitus gewidmet, der ausführlich sein Martyrium zeigt.

Die Kirche liegt sehr zentral. Gleich neben dem Schloss mit dem anschließenden Hofgarten. Es ist auch nicht weit zum Main, wo die Schiffe aus Würzburg anlegen.

59

Orchideenpfad
Startpunkt: Parkplatz am Steinbruch zwischen 97291 Thüngersheim und Güntersleben

Tourist-Information
Untere Hauptstraße 14
97291 Thüngersheim (im Rathaus)
09364 813516
www.thuengersheim.de

Orchideenfelder und Fotografengefahr

Orchideenpfad

Vor Güntersleben stößt man auf einen mächtigen Steinbruch – schön anzusehen, auch wenn er kommerziell genutzt wird. Abbaumaschinen haben sich tief in das Gestein gegraben. Man hört die Explosionen und den Motorenlärm der Lastwagen. Von oben durchaus imposant.

Dort, also oberhalb, befindet sich der Orchideenpfad. Er ist auf der Straße nicht ausgeschildert, sodass man schon etwas suchen muss. Die Gegend bezeichnet man als Trockenrasen mit lichtem Kiefernbestand und der Boden zeichnet sich durch starke Trockenheit und Wärme aus. Dies lieben anscheinend die Orchideen, denn sie wachsen hier – und sind gleichzeitig bedroht. Früher von dem näher rückenden Steinbruch mit den bis zu 70 Meter hohen Abbauwänden und den daraus resultierenden Austrocknungen, sowie durch die Auswirkungen des intensiven Weinbaus. Jetzt aber wahrscheinlich mehr von eifrigen Orchideenliebhabern, die auf der Suche nach dem besten Motiv nicht auf den Wegen bleiben. Also: Bitte die Wege nicht verlassen. Der Frauenschuh und der Bienen-Ragwurz, der Mücken-Händelwurz und die Waldhyazinthe werden es dem Besucher danken.

Es ist ein schönes Gefühl, wenn man die örtlichen Orchideenarten identifiziert hat – von den über 25.000 verschiedenen Arten sind nur 65 heimisch. Danach kann man sich auf die Suche nach den malerischen Pflanzen begeben. Mich begeisterte besonders das Steinbrecher Habichtskraut, das fast wie meine ungeliebten Löwenzahn-Pflanzen aussieht, nur mit einer wesentlich höheren Blüte. Oder das Purpur-Knabenkraut, das meiner Ansicht nach fast Hyazinthen ähnelt. Ich bin kein Botaniker, nicht einmal sehr pflanzenbegeistert, aber diese Landschaftsecke fasziniert. Man kann sich dieser besonderen Atmosphäre nicht entziehen. So geht es vielen Besuchern, insbesondere Fotografen, die hierherpilgern. Gut so. Aber auf den Wegen bleiben.

Im Juni feiert Güntersleben das Höfefest. Dann sind die meisten Höfe des Ortes geschmückt und für Besucher zugänglich. Selbst die Einheimischen sind dann überrascht.

60

Winzerhütte Familie Heßdörfer
Obere Hauptstraße 49
97225 Retzbach
09364 4567
www.winzerhuette-hess-doerfer.franken-regio.de

VON ALLEM DAS BESTE

Winzerhütte

Retzbach hat seinen Benediktusberg. Das ist nicht nur ein schnöder Berg, sondern eine berühmte Lage, denn hier wächst ein wunderbar gereifter trockener Wein, Müller-Thurgau, Silvaner und andere Rebsorten. Gut ausgeschildert, findet man den Weg in die Weinberge. Man kann mit dem Auto bis zum kleinen Kirchlein der Kolpingfamilie fahren, und dann eher ebenerdig zur Winzerstube spazieren.

Die Heßdörfers bewirtschaften das kleine Häuschen, das am Hang des Weinberges klebt und eigentlich gar nicht auffallen würde, weil es rundum mit Wein verrankt ist. Vielleicht haben sie deshalb oben an der Straße einen weißen Pavillon aufgestellt, der überhaupt nicht zum Weinberg passt, aber die Aufmerksamkeit erhöht. Dahinter befinden sich auf einigen Etagen rustikale Bänke und Stühle, an denen man sich zu einem Wein vom Benediktusberg und einer Häckerbrotzeit niederlassen kann – natürlich nur am Wochenende und an den Feiertagen, denn nur an diesen Tagen hat die Winzerstube geöffnet. Dann wird es allerdings recht schnell voll. Und der Wein rinnt schneller durch die Kehlen, als man denkt. Hier gibt es die Weine, die in der Regel schon vor Ende der Heckensaison ausgetrunken sind.

Die Kenner essen dazu den selbstgemachten Kochkäse und die Wurst, die der Hausmetzger speziell für die Heckenwirtschaft herstellt. Kochkäse wird aus Sauermilch gewonnen, zusammen mit etwas Natron durch Erwärmen in eine zähflüssige, streichfähige Konsistenz gebracht. Oder Handkäse, zerkleinert, mit Butter und Natron verflüssigt. Wichtig ist seine zähflüssige, klebrige Natur, die anscheinend seinen bewunderten Geschmack freisetzt. Zugegeben, nicht jedem mundet er, aber die Einheimischen sagen, er gehört einfach zum Wein.

Wohl bekomm's. Und von der Winzerstube hat man einen wunderbaren Blick auf das Tal und die Stadt. Man kann so richtig, absolut nichtstuend, genießen.

Man muss nicht gleich bei der Winzerhütte pausieren. Vielleicht macht man die Wanderung in den Weinbergen zuerst und lässt dann die Brotzeit folgen.

61

Weihnachtspark
Brückenstraße/Mainstraße
97267 Himmelstadt

Informationen:
Gemeinde Himmelstadt
Kirchplatz 3
97267 Himmelstadt
09364 9969
www.himmelstadt.de

DIE POSTSTELLE DES CHRISTKINDS

Spaziergang durch den Weihnachtsort

Wenn ein Ort Himmelstadt heißt, muss man daraus etwas machen – das weiß jeder PR-Anfänger. So auch die Himmelstädter: Weihnachten ist ihr Geschäft.

Woher der Name stammt? Im Zuge der fränkischen Landnahme entstand zu Füßen der Burg Imminas der Ort »Immestat«. Mit Himmel hat dies reichlich wenig zu tun, sondern leitet sich ab von Immina, der Tochter des Frankenherzogs Hetan.

Nun gut. Daraus ergab sich Himmelstadt. Und irgendjemand schlussfolgerte, dass in Himmelstadt das Christkind wohnt. Heute ist Himmelstadt bei vielen Kindern bekannt, die dem Christkind schreiben wollen.

Am 15.5.1900 wurde in Himmelstadt eine erste Hilfspoststelle eingerichtet. Aber erst am 1.12.1986 wurde ein Weihnachtspostamt eingerichtet. Mittlerweile sind an die 40 ehrenamtliche Kräfte damit beschäftigt, in der Adventszeit über 80.000 Briefe an das Christkind in Himmelstadt zu beantworten. Vielleicht will man auch etwas Geld damit verdienen, was durchaus legitim ist: mit Sondermarken und Ersttagsbriefen, mit einem Weihnachtsbocksbeutel und einem Weihnachtsschinken. Und natürlich kann man jede Menge Weihnachts-Krimskrams kaufen.

Himmelstadt ruht sich jedoch nicht auf seinen Weihnachtslorbeeren aus. Es hat sich hübsch hergerichtet und wurde schließlich auch Bundessieger *Der ideale Ort 2012*. Dazu beigetragen hat sicherlich die Anlage des Weihnachtsparks, eine schön gestaltete und gepflegte Kleingartenanlage zwischen Main und Ort. Liebevolle und vielseitig angelegte Beete, auch Bauerngärten und Rosenfelder (mit der Weihnachtsrose) laden zum Spaziergang und Verweilen ein in Himmelstadts »Grünem Wohnzimmer«. Es gibt noch einen Philatelistenpfad (der sich nicht nur mit Weihnachtsbriefmarken beschäftigt) und die Main-Schleuse (die nicht Weihnachts-Schleuse heißt). Da braucht man fast keine anderen Vergnügungen.

Das Weihnachtspostamt ist im Dezember für Besucher geöffnet.

62

Jüdischer Friedhof
Der Straße Am Schloßberg
bergauf folgen
63926 Laudenbach

Tourist-Information Karlstadt
Hauptstraße 56
97753 Karlstadt
09353 906688
www.karlstadt.de

IM HAUS DES EWIGEN LEBENS

Jüdischer Friedhof

Auf dem Schlossberg, einer Anhöhe bei Laudenbach, liegt der jüdische Friedhof mit dem Namen *Beth ha Chajim* (Haus des ewigen Lebens). Der jüdische Friedhof wurde bewusst außerhalb des Ortes, außerhalb der Sicht der Dörfler angelegt; Juden hatten keinen leichten Stand in Mainfranken.

Wahrscheinlich stammt er aus der Zeit um 1600. In den Schriften ist zu lesen, dass es einen Friedhofsverwalter (Gabbai) um 1655, einen Totengräber um 1675 gibt. Der Friedhof war die letzte Ruhestätte für die Juden der gesamten Region. Es gab einmal mehr als 3.500 Grabsteine, 2.350 davon sind erhalten. Damit ist er der zweitgrößte jüdische Friedhof in Unterfranken.

Der Friedhof ist von einer Mauer umgeben, über die man aber blicken kann. Betreten nur im Rahmen einer Führung – mit gutem Grund, denn immer wieder wurde der Friedhof geschändet.

Ein jüdischer Friedhof versteht sich als »Haus des ewigen Lebens« und macht daher einen scheinbar ungepflegten Eindruck. Grund ist die Unantastbarkeit der Totenruhe, deshalb stellt man umgefallene Grabsteine nicht wieder auf. Besucher bringen keine Blumen mit, sondern kleine Steine, die sie auf die Grabsteine legen.

Die Gräberreihen des Friedhofs sind eng gefügt. Ein weiterer Teil des Friedhofes ist ungenutzt, ist Blumenwiese. Sie wäre sicherlich auch schon mit Grabmalen belegt, wenn nicht in der Nazizeit die gesamte jüdische Gemeinde ausgelöscht worden wäre. Heute gibt es so gut wie keine Juden mehr in der Region.

Von den Gräbern geht der Blick über das weite fränkische Land. Es wirkt so lieblich, dass man sich kaum vorstellen kann, was alles passiert ist. Schön ist das ewige Wechselspiel von Licht und Schatten. Manchmal meint man die Grabsteine in Zwiesprache mit den Zweigen und den Gräsern zu hören. Sie sind Jahrhunderte alt, im Gegensatz.

Führungen durch den Friedhof finden jeden zweiten Sonntag im Monat oder nach Vereinbarung statt. Ansprechpartner: Georg Schnabel, 97753 Mühlbach, Laudenbacher Straße 1, 09353 8638

63

Katzenturm
Ecke Hauptstraße/Obere Torstraße
97753 Karlstadt

KATZEN FALLEN WEICH

Katzenturm

Mit »bürgerlichem Namen« heißt er Oberer Torturm, stammt so aus dem Jahr 1350 und bildete zusammen mit dem Oberen Tor den südlichen Zugang zur Stadt. Viele Jahrzehnte wohnte im Turm der Stadttürmer. Der letzte Türmer fiel beim Heraufziehen von Brennholz aus dem vorletzten Stockwerk auf einen großen Reisighaufen in der Hauptstraße. Er hatte mehr Glück als Verstand. Den Fall überstand er unbeschadet wie eine Katze. Seitdem heißt der Turm im Volksmund Katzenturm. 1990/91 wurde er gründlich renoviert. Das ist ihm gut bekommen. Nun glänzt er wieder in den gleichen Farben, wie er sie im 16. Jahrhundert getragen hat. Der Turm ist einer der höchsten Stadttürme Frankens – und leer. Der Stadtführer nimmt seine Gäste mit nach oben in die Türmerstube und zeigt ihnen den Ausblick über die Stadt.

Was aber kann man nun mit dem Turm anfangen? Der Katzenturm ist bestens ausgestattet. Die Stiegen und Handläufe sind gesichert und können weiter genutzt werden. Die Elektrik ist neu verlegt. Es fehlt jedoch eine Toilette, deshalb kann man ihn kommerziell nicht nutzen.

Ein Bürger bot an, eine Brauerei-Sammlung einzurichten. Darüber diskutiert man nun. Es ist lange her, dass per Dekret der Weinanbau in Karlstadt vor zu viel Bierkonsum geschützt werden musste. In Karlstadt existierten jahrzehntelang zwei Brauereien mit Gaststätten. Die Löwenbräu und die Frankenbräu waren große Arbeitgeber in Stadt und Umland. Beide Braustätten pumpten ihr Wasser zum Bierbrauen aus Brunnen, die heute noch nachweisbar sind. Der Viehmarkt an der heutigen Alten Bahnhofstraße brachte den Karlstadter Gaststätten durstige Kunden und gute Einnahmen. Mit der Schließung der Frankenbräu am heutigen Schnellertor im Jahre 1988 starb eine 200 Jahre lange Bierbrautradition. Nur Sammler halten die Erinnerung wach. Der Katzenturm wäre eine gute Erinnerungsstätte.

Der Katzenturm ist nur eine Sehenswürdigkeit in der mittelalterlichen Stadt. Unbedingt einen ausgiebigen Spaziergang machen. Es lohnt sich.

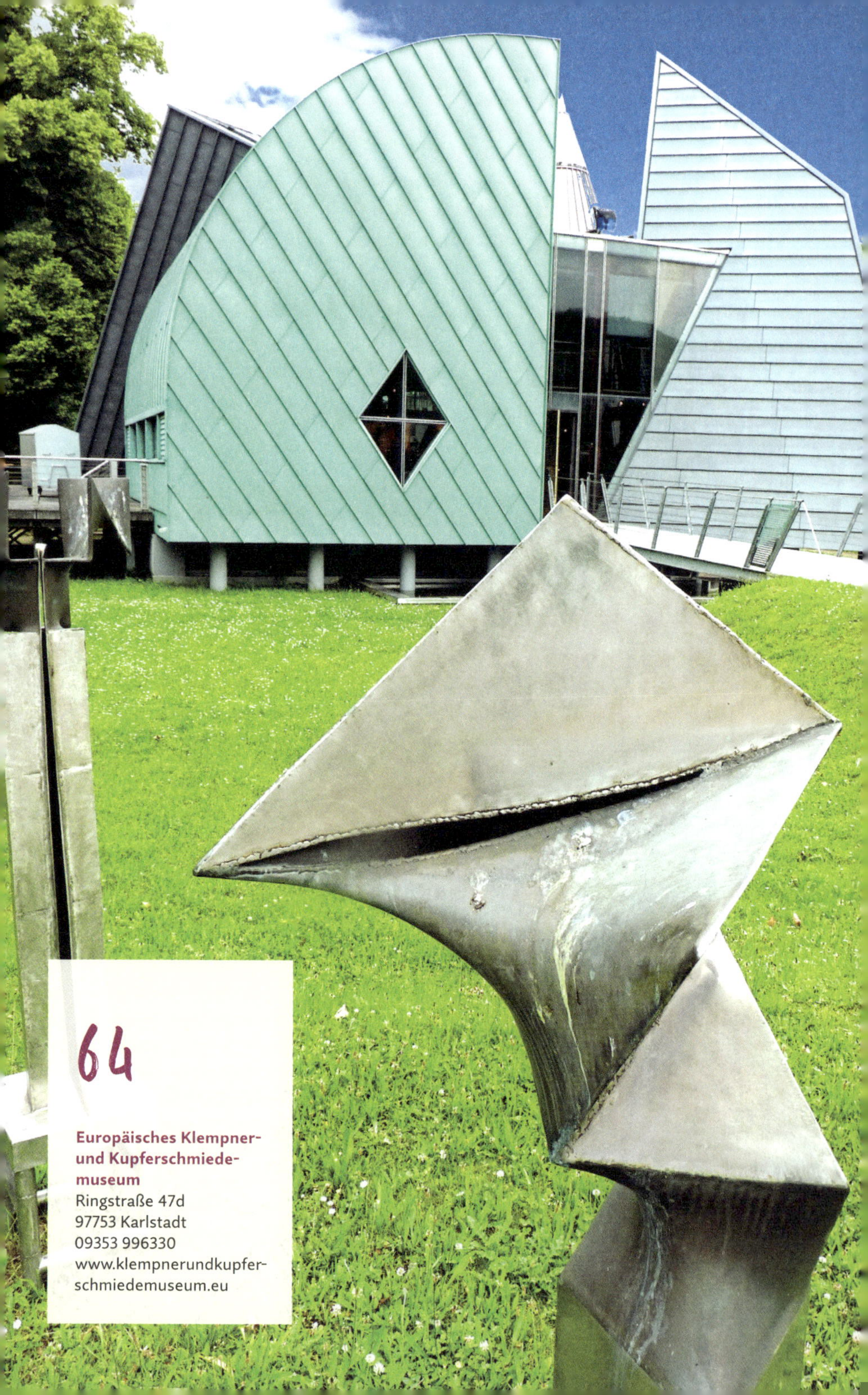

64

Europäisches Klempner- und Kupferschmiedemuseum
Ringstraße 47d
97753 Karlstadt
09353 996330
www.klempnerundkupferschmiedemuseum.eu

ICH BIN KLEMPNER VON BERUF

Europäisches Klempner- und Kupferschmiedemuseum

Wenn man um den Oberen Torturm herumgeht, fällt einem das Gebäude mit der futuristischen Fassade auf. Direkt an der mittelalterlichen Stadtmauer gelegen, könnte der Kontrast zwischen alt und neu kaum größer sein. Dabei ergänzen sich die verschiedenen Stile hervorragend, auf der einen Seite mittelalterlich in Stein gehauen, auf der anderen Seite neuzeitlich in Stahl und Glas. Die Klempner sind dort zu Hause. Vielleicht haben sie den Bau auch umgesetzt. Vor dem Museum stehen einige Klempnerkunstwerke in Metall.

Das Europäische Klempner- und Kupferschmiedemuseum ist nicht groß, aber umso überraschender: alte Maschinen, Werkzeuge, Dokumente, Gesellen- und Meisterstücke aus dem Spengler-, Klempner-, Flaschner-, Blechner-, und Kupferschmiedehandwerk sind ausgestellt. Sie bieten einen Einblick in deren Traditionen und Arbeitsweisen. Und lassen in etwa erkennen, wie die Zukunft für das Klempnerhandwerk einmal aussehen kann. Viele Schenkungen gehen an das Museum, sodass man gar nicht alles ausstellen kann. Eine über 100 Jahre alte Bördel- und Sickenmaschine hat vor kurzem das Museum bereichert. Damit wurden Blechprofile in Form gebracht (gebördelt). Auch eine historische Falz-, Richt- und Zudrückzange für Blech und Metall wurde dem Museum gespendet.

Beeindruckend ist das multifunktionale Nutzungskonzept. Hier kann man Tagungen, Schulungen, Seminare abhalten, aber auch Feiern wie zum Beispiel Lossprechungen. Und natürlich vielfältige kulturelle Veranstaltungen.

Natürlich dient der Bau auch der Imagepflege. *Ich bin Klempner von Beruf* sang einst Reinhard Mey (obwohl er selbst kein Klempner ist), und man hat es spätestens im Ohr, wenn man das Klempnermuseum betritt. Vielleicht wird der eine oder andere junge Mensch inspiriert, die Aufforderung anzunehmen und den Klempnerberuf zu ergreifen.

Der Eigentümer, die Stiftung Deutsches Klempner- und Kupferschmiede-Museum in Karlstadt wurde übrigens 2013 25 Jahre alt. Mit dem Museum wirkt sie viel jugendlicher.

65

Wein- und Gesundheitsweg
Startpunkt: Parkplatz am Eußenheimer First
97776 Eußenheim

Tourist-Information der Gemeinde Eußenheim
Am Kirchberg 16
97776 Eußenheim
09353 97470
www.eussenheim.de

DER WEIN UND UNSERE GESUNDHEIT

Wein- und Gesundheitsweg

Es gibt mittlerweile eine Vielzahl von Weinwegen. Ein Weg, der sich mit Wein und Gesundheit auseinandersetzt, hat noch gefehlt.

Diese Idee passt gut zu Eußenheim. Im 16. und 17. Jahrhundert hatte Eußenheim als Wein- oder Häckerdorf einen guten Ruf. In einem Weindorf wie Eußenheim wurde meist mit Wein bezahlt, so entstand der »Zinsmost«. Dieser wurde im eigens dafür gebauten Zehntkeller gelagert. Vor 100 Jahren jedoch zerstörten schlimme Krankheiten sämtliche Weinstöcke und die ursprünglichen Weinberge lagen noch lange Zeit danach brach. Durch die Flurbereinigung 1973 wurden sie wieder zum Leben erweckt, gesundeten.

Wie ist es mit unserer Gesundheit? Wie wirkt Wein aufs Herz? Es gilt heute als gesichert, dass moderater Weinkonsum zu einem deutlich reduzierten Herzinfarktrisiko führt. Wer nie Wein trank, ist doppelt so gefährdet.

Shakespeare sah es so: »Wein macht das Gehirn sinnig, schnell und erfinderisch, voll von lebenden, feurigen und ergötzlichen Gedanken.« Und in der Tat: Alkohol wirkt in geringen Dosen aktivierend auf das Nervensystem. Wein erweitert die Blutgefäße und regt damit die Hirndurchblutung an. Durch regelmäßiges mäßiges Weintrinken kann dem altersbedingten Gehirnleistungsabbau entgegengewirkt werden.

Und wie ist es mit der Verdauung? Schon bei den alten Römern und Griechen war es üblich, zum Essen Wein zu trinken. Denn der Wein hebt nicht nur den Genuss der Speisen, sondern fördert auch deren Bekömmlichkeit. Im Magen stimuliert Wein die Produktion von Magensaft und Magensäure. Die Muskeltätigkeit wird gefördert, indem die Durchblutung der Magenmuskeln verstärkt wird.

Noch viel mehr Weisheiten erfährt man auf den Tafeln, die den Wein-Gesundheitsweg schmücken: interessant und gut gemacht, sehr verständlich. Hinterher schmeckt der Wein noch viel besser.

Der Wein wirkt stärkend auf den Geisteszustand, den er vorfindet: Er macht die Dummen dümmer, die Klugen klüger. (Jean Paul)

66

Ruine Homburg
97780 Gössenheim

In Gössenheim der Friedhofsstraße zur Burg folgen. Am Ende der Straße parken, dann zu Fuß weitergehen.

Gemeinde Gössenheim
Hauptstraße 11
97780 Gössenheim
09351 97240
www.vgem-gemuenden.de

SÄNGERFEST AUF DER HOMBURG

Homburg

Bei Gössenheim gibt es eine Burgruine. Name: Homburg. Berühmt? Eigentlich nicht, obwohl sie die zweitgrößte Ruine der Bundesrepublik nach dem Heidelberger Schloss ist. Zumindest in der Region ist das Sängerfest auf der Homburg bekannt. Seit 40 Jahren am Pfingstmontag. Auch der aus den Reben der Weinberge gewonnene Wein trägt den Namen der Burgruine, nämlich Gössenheimer Homburg. Und der Blick ist beneidenswert, die Ruine besuchenswert.

Um 1005 kamen die Hohenberger an die Ufer des Mains an der Mündung der Wern. Kaiser und Fürstbischof hießen die Sippe willkommen. Um 1018 wurde eine erste Burg gebaut. Die von drei Seiten durch senkrechte Bergwände als uneinnehmbar geltende Burg wurde sehr weiträumig angelegt. Mächtig und durch einen Zwinger geschützt, durch Graben und Zugbrücke vom Bergrücken getrennt. Dicke und hohe Mauern, ein runder Bergfried und ein tiefer Burggraben. Mit einem Wort: unbezwingbar.

Aber die Hohenberger starben aus, keine männlichen Nachkommen. Durch die Tochter ging der Besitz an die Bickenbacher. Die verschuldeten sich so, dass sie alles verkaufen mussten. Aus.

Die einstige stolze Ritterburg war nunmehr ein schnöder Verwaltungssitz geworden. Den Bauernkrieg 1525 und auch die Wirren des Dreißigjährigen Krieges von 1618–1648 scheint die Homburg schadlos überstanden zu haben. Aber im Jahr 1680 zerstörte ein verheerender Brand die Anlage – wahrscheinlich weil es kein Löschwasser gab.

Daraufhin wurde die Burg Steinbruch und so mancher Bauernhof in Gössenheim profitierte davon.

Erst im 20. Jahrhundert setzte man sich für den Erhalt ein. Man erinnerte sich an Johann Wolfgang Goethe, der allerdings schon 1799 gesagt hatte: »Alle Kunstwerke gehören als solche der gesamten gebildeten Menschheit und der Besitz derselben ist mit der Pflicht verbunden, Sorge für ihre Erhaltung zu tragen.« Wie wahr.

Die Homburg ist nicht bewirtschaftet. Wenn man Hunger oder Durst verspürt, sollte man hinunter nach Gössenheim gehen.

67

Ronkarzgarten
Obertorstraße
97737 Gemünden am Main
Hoch zur Burgruine Scherenburg gehen, rechts davon liegt der Ronkarzgarten.

Touristinformation
Scherenbergstraße 4
97737 Gemünden am Main
09351 80011300
www.stadt-gemuenden.de

DIE GARTENANLAGE EINES BÜRGERS

Ronkarzgarten und Kulturhaus

Gemünden am Main hat seine Burgruine Scherenburg, eine wunderbare historische Altstadt, viele gut geführte Restaurants, bemerkenswerte Winzer und eine besondere Kleinigkeit, den Ronkarzgarten.

Es ist ein Terrassengarten nach italienischen Vorbildern mit wuchtigen Hangmauern und Treppenanlagen. Man fühlt sich an die Leichtigkeit der italienischen Gartenanlagen erinnert. Kein Fürst und König ließ den Garten erbauen, sondern der Königliche Landgerichtsarzt Heinrich Ronkarz (1782–1852). Er war von der italienischen Gartenbaukunst recht angetan und beschloss in den Jahren 1830 bis 1845, die hohen Stützmauern und aufwendigen Treppen aus Buntsandstein erbauen und den Garten anlegen zu lassen. Dort lustwandelte er dann mit seinen Gästen. Der Höhenunterschied innerhalb der Anlage beträgt 40 Meter.

Eine solche Gartenanlage, von Bürgern erbaut, ist eine Besonderheit in Deutschland. Daher hat die Anlage überregionale Bedeutung. In den Jahren 2001 bis 2007 erfolgten die Mauersanierung und die Neuanlage der verwilderten Beete. 2008 erhielt der Garten einen Förderpreis. Leider kann man die unterste Etage nicht besichtigen, zu sehr ist das Mauerwerk trotz aller Renovierung beschädigt. Man muss sich mit einem großen Foto zufrieden geben.

Ein Spaziergang durch den Ronkarzgarten belohnt einen mit der wunderbaren Sicht auf die Stadt und den Main. Später kann man entweder nach rechts weiter zur Scherenburg hinauflaufen oder links am Kulturhaus vorbeigehen. Das Kulturhaus, untergebracht in der Alten Schule, beherbergt Volkshochschule, Stadtbibliothek und andere städtische Einrichtungen. Schön ist der kleine Garten oberhalb gestaltet mit alten Sitzmöbeln, blumengeschmückten Gebrauchsgegenständen, einer Tür, die ins Nichts führt. Hier lässt man sich gerne nieder. Nun müsste nur noch jemand kommen, der einem ein Glas Wein serviert.

Im Sommer – von Mitte Juli bis Mitte August – finden im Burghof jährlich die Scherenburgfestspiele statt.

68

Hotel Schloss Saaleck
Saaleckstraße 1
97762 Hammelburg
09732 2020
www.burgsaaleck.de

Bayerische Musikakademie Hammelburg e.V.
Am Schlossberg
97762 Hammelburg
09732 78680
www.bmhab.de

WO DIE HOFFNUNG IN DER MUSIK LIEGT

Schloss und Kloster Saaleck

Schloss Saaleck liegt malerisch etwa 1,5 Kilometer westlich von Hammelburg auf einem steil abfallenden Bergrücken. Dabei ist es eigentlich eine Burg. Doch wird Saaleck seit dem 14. Jahrhundert mit Vehemenz Schloss genannt. Ritter oder gar ein königliches Geschlecht wohnten nie in ihren Mauern. Vielmehr waren die Gebäude seit ihrer Errichtung im 11./12. Jahrhundert stets Amtsburg, also Verwaltungsstelle des Klosters Fulda. Viele Wein-Geschichten ranken sich rund um die Burg. Es gibt eine lange Weinbautradition, die am 7. Januar 777 begann, als Karl der Große sein Königsgut Hammelburg an das Kloster Fulda verschenkte. In dieser Schenkungsurkunde werden erstmals Weinberge im Fränkischen erwähnt, somit darf sich Hammelburg zu Recht »Älteste Weinstadt Frankens« nennen. Bereits seit dem 12. Jahrhundert nutzten die Äbte Schloss Saaleck als Weingut. Der Weinbau entwickelte sich zu einem wesentlichen wirtschaftlichen Faktor im Saaletal.

Aus dieser geschichtlichen Verpflichtung und Verbindung zum Weinbau kaufte die Stadt Hammelburg 1964 Schloss Saaleck und betrieb eine eigene Weinkellerei auf der Burg. Die wurde mittlerweile jedoch wieder verkauft und befindet sich heute im Privatbesitz. Für Weinproben muss man hinunter in die Stadt.

Den 25 Meter hohen Bergfried kann man über 125 Stufen erklimmen und den Blick hinunter ins Tal der Fränkischen Saale oder über die grünen Hügel der Rhön genießen. Das Schloss ist bekannt für sein Restaurant, aber auch für vielfältige Kultur auf der Freilichtbühne.

Am Fuße des Berges befindet sich das 1649 entstandene Kloster, das noch immer dem Franziskanerorden gehört. Ein Großteil der Räumlichkeiten ist vermietet an die Bayerische Musikakademie Hammelburg, die erste dieser Art in Deutschland. Nunmehr streifen viele junge Musiker durch die renovierten Klostermauern und Musik weht durch die Gemächer.

Man kann sich das gut einteilen: in der Stadt den Wein genießen, in der Musikschule den Ohren Klang vermitteln und im Schloss sich kulinarisch verwöhnen lassen.

69

Die **Erdfunkstelle Intelsat** liegt zwischen der Bundesautobahn 7 und Hammelburg
97727 Fuchsstadt
www.intelsat.com

DIE RUNDEN OHREN FÜR DAS WELTALL

Erdfunkstelle

Hier werden die Außerirdischen abgehört. Was ist das? Die Beschilderung benennt die Anlage mit Erdfunkstelle.

Die Tatsachen sind gar nicht so reißerisch. Die Anlage wurde von der Deutschen Bundespost für die Satellitenkommunikation gebaut, bis in die 1990er-Jahre ein wichtiger Knotenpunkt. Mehr als 50 Parabolantennen stehen hier, teilweise mit einem Durchmesser von bis zu 32 Metern. Die Erdfunkstelle gilt damit als eine der größten Satelliten-Kommunikationsanlagen der Welt. Die Telekom war der Meinung, dass man so viele Satelliten nicht mehr benötigt, weil inzwischen der ganz überwiegende Teil des kontinentalen und interkontinentalen Nachrichtenaustauschs über Glasfaserkabel abgewickelt wird. So hat sie im Jahr 2000 die Erdfunkstelle auch geschlossen.

Am 1. April 2002 begann ein neuer Abschnitt. Intelsat übernahm die Anlage. Sie wurde erweitert, neue Antennen installiert und auf den neuesten Stand der Technik gebracht. Intelsat bietet kommerzielle Satellitendienstleistungen an und übermittelt Daten via Satellit an etwa 1.800 Kunden in über 200 Länder weltweit. So hat die Erdfunkstelle in Hammelburg wieder eine Aufgabe. Rund um die Uhr fungiert sie als weltweite Verteilstelle und versorgt über Satellit und Glasfaser Telekommunikationsfirmen, Fernsehanstalten, Firmenkunden und Regierungsstellen.

Die Anlage gilt als Wahrzeichen von Hammelburg und wird gerne fotografiert. In der Tat ist der Anblick der Parabolantennen in den grünen Wiesen faszinierend. Die Anwohner jedoch sind eher unglücklich, weil die Strahlenbelastung der Anlage nicht geklärt ist. So wird ein klein wenig protestiert, was aber anscheinend keine Auswirkungen hat. Die Anlage – so wird behauptet – ist wichtig für unsere weltweite Kommunikation. Da müssen auch gewisse Opfer gebracht werden.

Nicht vergessen, einen Abstecher nach Fuchsstadt zu machen: viel Geschichte, Fachwerkhäuser, Kirchgaden, ein schönes Rathaus. Viele Restaurants mit vielfältigem Angebot.

UM ASCHAFFENBURG HERUM

POLITISCH FRANKEN, EMOTIONAL HESSEN

Perlen vor den Toren der Stadt

Zugegeben, manche haben Aschaffenburg schon den Frankenstatus abgesprochen und die Stadt nach Hessen verlegt. Das liegt natürlich auch an der Sprache der Aschaffenburger, die schon gar nicht mehr fränkisch klingt. Die Aschaffenburger unterstreichen ihre Andersartigkeit aber auch stark. So hat man in einem offiziellen Stadtführer (2006) geschrieben, Aschaffenburg sei eine Stadt im Rhein-Main-Gebiet, die durch den Spessart vom restlichen Franken abgetrennt ist. So ist es auch nur logisch, dass man sich der Metropolregion Frankfurt Rhein-Main zugehörig fühlt. Da fremdelt man als Franke durchaus. Aber wir haben uns dazu entschieden, Aschaffenburg in dieses Main-Wein-Franken-lastige Buch aufzunehmen, denn Main ja, Wein ja, und Franken ein halbes ja.

Irgendwie heimatlos kommt mir die Stadt vor. Auf der einen Seite ist man sehr vom Lob abhängig, freute sich, als bei einer Studie der Industrie- und Handelskammern herauskam, dass Aschaffenburg auf den dritten Platz der besten Wirtschaftsstandorte gewählt wurde. Auf der anderen Seite nehmen sich die Aschaffenburger auch nicht ganz ernst, wie könnte man sich sonst mit der populären Figur des Aschaffenburger Maulaffs identifizieren und sich über den Ascheberscher Arsch amüsieren.

Aschaffenberg hat so an die 67.000 Einwohner, die sich in ihrer kleinen Metropole ganz wohl fühlen. Das Landratsamt hat hier seinen Sitz und eine Hochschule gibt es auch. Die Stadt wird optisch geprägt vom Schloss. Es ist so wuchtig, dass man die Stadt fast nicht wahrnimmt. Das schönste Viertel ist das Dalberg-Viertel, mein Lieblingsplatz, den ich nur gestreift habe.

Die Stadt liegt an den Flüssen Main und Aschaff, an der nordwestlichen Ecke des Mainvierecks. Daher ist Aschaffenburg auch das Ende der Reise entlang meiner Lieblingsplätze. Denn nach Aschaffenburg kommt nur noch Hessen.

Auch von den Lieblingsplatzperlen südlich von Aschaffenburg konnte ich nicht alle behandeln. Das Wasserschloss Mespelbrunn ist so ein Ort. Der Wallfahrtsort Mariabuchen bei Lohr, der Badesee Niedernberg (der Honisch Beach) bei Miltenberg. Allein in Miltenberg gibt es wunderbare Plätze zu besichtigen. Auch Klingenberg ist bezaubernd. Es gibt hier einen Esskastanien-Lehrpfad und der Fränkische Rotweinwanderweg führt hier vorbei. Das ist Anlass zu erinnern, dass wir uns hier auf Rotweingebiet befinden. In Klingenburg findet auch jedes Jahr ein Rotweinfest statt.

In Mainaschaff gibt es das kleine, nette Marionettentheater *Das Puppenschiff.* Wertheim ist mehr als Einkaufen im Wertheim Village. Es gibt einen jüdischen Friedhof, ein Grafschaftsmuseum und ein Glasmuseum, eine Falknerei mit interessanten Aufführungen und einen spitzen Turm, den man gesehen haben sollte.

In Erlenbach befindet sich ein Planetenweg, auf dem man sich eine Vorstellung von der Entfernung unserer Himmelskörper erlaufen kann. In Nantenbach steht ein Fahrzeug- und Technikmuseum und in Marktheidenfeld ein Skulpturenpark am Busbahnhof.

In Urspringen kann man der jüdischen Tradition folgen, in die Geschichte eintauchen und die 1989–1991 renovierte Synagoge in der Judengasse besuchen. Sie ist gut erhalten und eine zentrale Erinnerungsstätte im Umkreis. Nicht zu vergessen Rothenfels, mehr als nur ein Ort am Wegesrand: eine historische Altstadt mit mächtiger Kirche und auf dem Bergrücken auch noch mit mächtigem Schloss.

Ich merke mit Bedauern, dass ich viele schöne Plätze nicht aufnehmen konnte, zugleich freut es mich natürlich auch, dass es im Mainfrankenland noch eine Menge wunderbarer Orte und Plätze gibt, die jeder für sich selbst entdecken kann. So ist dieses Buch, und das ist gut so, nur ein Anreiz für mehr.

71

Spessartmuseum
Schloßplatz 1
97816 Lohr am Main
09353 7932399
www.spessartmuseum.de

AUF DEN SPUREN DER GEBRÜDER GRIMM

Schneewittchen im Spessartmuseum

Ich vermute, Sie wussten es nicht: Schneewittchen war eine Lohrerin. Der Apotheker und Historiker Karl Heinz Bartels fand dies heraus und so steht es heute noch an seiner Apotheke an der Hauptstraße. Es handelt sich um die 1725 in Lohr geborene Maria Sophia Margaretha Catharina von Erthal. Sie starb kurz vor der ersten Niederschrift des Märchens durch die Gebrüder Grimm, die in Hanau lebten, ganz in der Nähe.

Ihr Vater Philipp Christoph von Erthal war Kurmainzischer Oberamtmann in Lohr. Er hatte in dieser Funktion viel mit Kaisern und Königen zu tun, sodass die Familie Erthal schon irgendwie königlich wirkte, zumal sie auch im Schloss von Lohr lebte. Nach dem Tod von Maria Sophias leiblicher Mutter 1741 heiratete der Vater 1743 Claudia Elisabeth Maria von Venningen, geborene Reichsgräfin von Reichenstein. Diese sei sehr herrschsüchtig gewesen und habe ihre angeheiratete Tochter nicht gemocht. Als wichtigstes Indiz in der Beweisführung gilt der »Sprechende Spiegel«, der natürlich im Spessartmuseum im Lohrer Schloss ausgestellt ist. Er ist ein Erzeugnis der kurmainzischen Spiegelmanufaktur in Lohr. Der »wilde Wald«, in dem Schneewittchen ausgesetzt wurde, ist natürlich der Spessart und »über die sieben Berge« ist ein alter Höhenweg. Auch der durchsichtige Sarg aus Glas deutet auf die Glasherstellung hin.

Gleich in der Nähe auf dem Unteren Marktplatz steht der Märchenbrunnen, der an das Märchen vom Brüderchen und Schwesterchen erinnert. Aber das ist eine andere Geschichte.

Vor dem Spessartmuseum steht ein Denkmal von Schneewittchen und den sieben Zwergen. Drinnen kann man viel über den Spessart und seine Menschen erfahren. Natürlich auch über das Wirtshaus im Spessart. Aber auch das ist eine andere Geschichte. So hört man in Lohr viel Geschichtliches.

Schneewittchen wird in Lohr offensiv vermarktet. Viele Läden schmücken sich mit dem Namen. Aber das beeinträchtigt den Charme der Stadt nicht.

72

Isolatorenmuseum
Haaggasse 3
97816 Lohr am Main
09352 4795
www.isolatorenmuseum.de

DIE WELT DER ISOLATOREN

Isolatorenmuseum

Es gibt Menschen, die haben irgendeinen Spleen und dann gründen sie ein Museum, dass alle Welt an ihrem Spleen teilhaben kann. Lothar Vormwald ist so ein Mensch, gelernter Starkstromelektriker und angeblich von Kind an fasziniert von Isolatoren. In der Schule malte er am liebsten Isolatoren. Und im Beruf hatte er seit seiner Lehre natürlich viel mit Isolatoren zu tun. Irgendjemand schenkte ihm einen ersten Isolator. Das war 1976; seitdem sammelt er sie. Freunde brachten ihm von Reisen Isolatoren mit. In seiner Sammlung befinden sich Isolatoren aus der ganzen Welt, an die 500 Stück, fingerhutgroß bis zu über einem Meter, von wenigen Gramm Gewicht bis zu fast einer halben Tonne, von 220 Volt bis zu einer Megaspannung von 440.000 Volt.

Man sollte noch kurz beschreiben, dass Isolatoren eine hohe mechanische Belastbarkeit und eine geringe elektrische Leitfähigkeit haben. Sie sind also dafür geeignet, elektrische Leiter ohne Stromfluss befestigen zu können. Damit ist der Isolator für die elektrische Menschheit segensreich und wohl eines Museums wert.

Die Realisierung nahte, als die Trafostation unter Denkmalschutz gestellt wurde. Das war der Wunschort für einen Ausstellungsraum. Der Bürgermeister unterstützte die Idee. Die Trafostation kannte Lothar Vormwald sehr gut, er hatte drinnen gearbeitet und das Gebäude gefiel ihm bestens: aus Sandsteinen solide gemauert, auf dem Dach eine Wetterfahne.

Die Umgebung ist auch irgendwie »elektrisch«. Da gibt es auf dem Parkplatz eine Ladestation für Elektroautos. Und in der Haaggasse hat Bosch-Rexroth ein großes Werk.

Schade, dass das Isolatorenmuseum nur jeden ersten Sonntag im Monat geöffnet hat, aber um ehrlich zu sein, selbst an diesem Tag herrscht kein Andrang. Es ist eben ein großer elektrischer Gag.

Lothar Vormwald: »Mit 14 Jahren ist mir die Trafostation aufgefallen. Im Laufe der Jahre habe ich sie mir immer wieder angeschaut und mich in sie verliebt. Und heute, da habe ich sie.«

78

Franck-Haus
Untertorstraße 6
97828 Marktheidenfeld
09391 81785

Touristinformation Marktheidenfeld
Marktplatz 22
97828 Marktheidenfeld
09391 5035414
www.stadt-marktheidenfeld.de

Kleinste Bibliothek und Sektwiege

Franck-Haus

Franz Valentin Franck (1702–1777) war ein reicher Weinhändler und Kaufmann. Er schuf 1745 den nach ihm benannten Bau, indem er zwei vorhandene Fachwerkhäuser zur Straße und zum Hof hin verbreiterte und mit der Überbauung der Hofzufahrt zu einem Gebäude verband. Die Hauptfassade richtet sich zur Straße hin aus.

Die Gebäude im Erdgeschoss wurden für den Weinhandel genutzt, die Räume darüber überwiegend zu Wohnzwecken. Vom Hof aus war der alte Weinkeller erreichbar. Um 1767 veräußerte Franz Valentin Franck sein Anwesen. Der Weinhändler Johann Georg Andreas Schulz (1735–1809), einer der folgenden Eigentümer, verdient besondere Erwähnung: Er steht für die Überlieferung, in diesem Haus sei die Sektherstellung in Deutschland erfunden worden. Hier befinde sich also die »Sektwiege« Deutschlands. Nachweisen kann man dies allerdings nicht.

Heute noch begeistert die Fassade des Hauses, obwohl sie sich, in einer relativ engen Gasse eingefügt, nicht richtig entfalten kann. Viele Eigentümer hatten später das Haus heruntergewirtschaftet, als es 1987 schließlich in den Besitz der Stadt kam, die den Bau vorbildlich sanierte. Mit der Renovierung wurde die smalteblaue Farbe (in etwa kobaltblau) der Fassade wiederhergestellt: Zur Bauzeit war es die teuerste Farbe. Sie sollte Aufmerksamkeit erregen. Und das ist auch heute noch so.

Das Franck-Haus ist ein kulturelles Zentrum von Marktheidenfeld, Bürgerhaus, Seniorentreff, Raum für Ausstellungen und ein kleines Museum. Größte Sehenswürdigkeit – die »kleinste Bibliothek der Welt«. Sie stammt von Valentin Kaufmann: Elf Bücher in Leder gebunden, mit Schließe und Goldschnitt werden in einer Vitrine ausgestellt. Das »kleinste Buch der Welt« findet Platz in einer Haselnuss. Es ist nur 9,5 × 7,5 Millimeter groß. Es hat 98 Seiten mit 720 Zeilen und 7.167 Buchstaben.

Im kleinsten Buch der Welt beschreibt Kaufmann vier Entstehungsgeschichten: der Frauenkirche, des Münchner Oktoberfestes, des Münchener Volksliedes *Der alte Peter* und den Guss der Bavaria.

74

Art of Chocolate
Almosenberg 15
97877 Wertheim
09324 9784690
www.art-of-chocolate.de

Wertheim Village
Almosenberg
97877 Wertheim
09342 9199100
www.tbvsc.com/wertheim-village/de

EIN PARADIES FÜR SCHOKOLADEN-GENIESSER

Art of Chocolate

Es wirkt wie eine Fabrikhalle, nüchtern, quadratisch, praktisch. Es soll eine Welt des Genusses und der Sinnlichkeit sein. Die Leidenschaft für Schokolade residiert hier: moderne Pralinen mit den verschiedensten Füllungen, Tafelschokoladen klassisch oder überraschend, Trinkschokoladen und Schokokunstwerke.

Das Unternehmen heißt *Art of Chocolate*, das Motto »Kunst zum Vernaschen«. Durchaus beeindruckend: In der gläsernen Manufaktur riecht der Besucher als erstes Süßes. Dann blickt er den Schokoladenkünstlern über die Schulter und staunt, was man aus Schokolade alles machen kann. Schließlich kauft und probiert er, was ihn am meisten fasziniert hat. Im Café kann er ganz entspannt die süßen Versuchungen vernaschen.

Haben Sie schon Schoko-Kunst erlebt? Die Schokoladenkünstler erschaffen zum Beispiel Rosen aus Schokolade oder eine kleine Schokoladenstatue. Solche Kunst zu verschenken ist etwas ganz Besonderes. Leider ist es jedoch fast zu schade, um es zu verzehren.

Die Macher teilen ihr Wissen mit den Besuchern: Seminare zu Themen wie Schokolade und Wein, Schokolade und Gewürze oder den Einsteigerkurs über das schwarze Gold der Azteken und Mayas. Infos über die Herstellung mit anschließender Verkostung. Für Anfänger und Fortgeschrittene gleichermaßen zu empfehlen: Erschaffen und Vernaschen – Pralinen selbstgemacht. Man erfährt die besten Rezepte, zum Beispiel »Weißes Schokoladenmousse mit Erdbeer-Rhabarberragout«.

Wer übrigens genügend Schokolade gesehen und gegessen hat, kann sich noch ins Wertheim Village begeben mit einer Grundfläche von 22.000 Quadratmetern, einer Verkaufsfläche von 13.500 Quadratmetern, auf denen 110 (in Worten: einhundertundzehn) Marken in Outlets und Fabrikverkäufen den Konsumenten verführen. Angeblich gibt es alle Produkte deutlich reduziert, sozusagen fast umsonst.

Man hat mehr vom Einkaufen im Wertheim Village, wenn man es sorgfältig plant. Im Internet kann man die Läden schon vorab online besuchen.

75

Weingut Rudolf Fürst
Hohenlindenweg 46
63927 Bürgstadt am Main
09371 8642
www.weingut-rudolf-fuerst.de

Churfrankenvinothek Bürgstadt
Hauptstraße 2
63927 Bürgstadt am Main
09371 9488679
www.churfrankenvinothek.de

SAMTIGER FRÜHBURGUNDER

Weingut Fürst und Weinkulturhaus

Dort wo Bürgstadt aufhört und die Weinberge des Centgrafenbergs beginnen, liegt das Weingut Fürst. Seit 1638 betrieben die Fürsts das Weingeschäft. Die Gutsgebäude am Hohenlindenweg mitten in den Weinbergen des Centgrafenbergs wurden 1997 erbaut. Auffallend die Holzhallen mit dem breiten Panoramafenster. Daraus ein schöner Blick über das Tal. Die Lage ist gut gewählt, man kann sich präsentieren und gleichzeitig arbeiten. Denn beides gehört natürlich auch zusammen.

Auf dem Centgrafenberg wachsen die meisten Reben: Die reine Südlage auf verwittertem Buntsandstein ist ideal für Spätburgunder und Riesling. Vor allem der Spätburgunder hat eine jahrhundertelange Tradition und wächst vorzüglich auf diesen warmen und eisenhaltigen Böden. Sie sorgen für die gute Struktur der Weine, also die Harmonie zwischen den vielfältigen Bestandteilen im Wein, hauptsächlich Säuren, Tanninen und Restzucker. Zusätzlich verbessert das günstige Mikroklima im Talkessel die Wachstumsbedingungen. Reduzierte Erträge und eine gestaffelte und selektive Lese steigern die Qualität im Weinberg. Im Keller achten die Fürsts außerdem auf einem schonenden Weinausbau mit langer Lagerung im Holzfass.

Besonders zu erwähnen ist der Frühburgunder, eine natürliche Mutation des Spätburgunders. Der Winzer hat ihn systematisch zum Spitzenwein veredelt. Nun glänzt er mit vollem Körper, milder Säure und samtigem Geschmack. Der Frühburgunder hat in den letzten Jahren Furore gemacht und der Winzer Fürst ist gut dabei. Gut, aber auch teuer.

Das gesamte Weinsortiment von Bürgstadt kann man im Weinkulturhaus erleben, ein futuristisch anmutender, überraschender Bau im historischen Stadtzentrum. Dort präsentieren die Winzer von Bürgstadt ihr Angebot. Man sollte es genießen. Schon Euripides hat dies erkannt: Wo aber der Wein fehlt, stirbt der Reiz des Lebens.

Wenn man nicht mehr nach Hause fahren möchte, kann man im Vinotel übernachten, es liegt nur ein paar Gehminuten entfernt. Motto: edle Weine und stilvoll übernachten.

76

Brauhaus Faust
Hauptstraße 219
63897 Miltenberg
09371 97130
www.faust.de

WIE BIER IM WEINLAND BESTEHEN KANN

Brauerei Faust

Man schreibt das Jahr 1654: Nach dem Dreißigjährigen Krieg kommen Einwanderer nach Franken, die die Wirtschaft ankurbeln. Darunter befindet sich der Bierbrauer Kilian François Mathieu Servantaine (eingedeutscht Kilian Franzmathes) aus dem heutigen Belgien. Er gründet 1654 in Miltenberg die Löwenbrauerei.

1825: Georg Anton Krug übernimmt die Brauerei. Sein Sohn August ist einer der Anführer der freiheitlichen Bewegung und muss aus diesem Grund 1849 nach Amerika fliehen. Sein Vater folgt ihm ein Jahr später. Sie gründen in Milwaukee eine Brauerei, die später Schlitz heißen soll und die sich in der ersten Hälfte des 20. Jahrhunderts vorübergehend zur größten Brauerei der Welt entwickelt.

1875 trat der Küfer und Braumeister Johann Adalbert Faust in die Brauereigesellschaft ein. Er brachte den Brauereibetrieb wieder auf Vordermann und kaufte bis 1895 den Gesellschaftern alle Anteile ab. Seitdem ist die Brauerei in Faust-Besitz. Heute: Faust entwickelt sich mehr und mehr zu einer Erlebnisbrauerei. Ich liebe an der Brauerei Faust die coolen Werbesprüche, dass sie noch immer mitten in Miltenberg in der Hauptstraße 219 ihr Bier braut und dass sie im Weinland bestehen konnte. Den Faustens gehört noch das Gasthaus *Zum Riesen* mit vielen berühmten Gästen: 1158 Kaiser Friedrich I., genannt Barbarossa, 1368 Kaiser Karl IV., 1518 Martin Luther, 1520 Albrecht Dürer, 1711 Kaiser Karl VI. und 1959 Elvis Presley …

Zu jedem Gericht gibt es eine Empfehlung des Bier-Sommeliers, ausgewählt aus dem einzigartigen Angebot an Bierspezialitäten. Hier eine Kostprobe der Werbesprüche: »Andere haben wenig Bock, wir haben Faust Doppelbock: ein rotbraunes, intensiv malzblumiges Starkbier mit dezenten Sherry-, Karamell-, Honig- und Aprikosennoten. Das traditionsreiche Bockbier ist malzbetont und wuchtig, mit einem dennoch trockenen Abgang.«

Bier zur Hochzeit: Johann Adalbert Faust braute auf Wunsch seiner späteren Frau ein angenehm nach Hopfen duftendes Bier. Dies wurde zur Hochzeit ausgeschenkt.

77

Altes Gewürzamt
In der Altstadt 7
63911 Klingenberg
09372 134757
www.ingo-holland.de

Gewürze, liebevoll gemischt

Altes Gewürzamt

Das Alte Gewürzamt ist umgezogen, es befindet sich nun im ehemaligen Teddy-Museum, in einem alten Bau mitten in der Altstadt, bietet hochwertige Gewürze und produziert Gewürzmischungen nach eigenen Rezepturen. Der Inhaber Ingo Holland ist der Gewürzexperte. Es duftet im Laden wie auf einem indischen Gewürzbasar. Und wenn man in ein Gespräch kommt, stellt man fest, dass man es mit einem Philosophen zu tun hat.

Beginnen wir einfach mit dieser Frage: Was hat die Güte von Gewürzen mit Lebensqualität zu tun? »Gewürze sorgen seit Jahrtausenden für Wohlbefinden und genussvolle Erlebnisse. Sie stimulieren die Sinne, einige regen den Kreislauf an, andere haben eine beruhigende Wirkung und manchen werden sogar heilsame Kräfte zugesprochen«, so Ingo Holland.

Mit solchen Kräften läuft man anschließend durch die historische Altstadt, die die Form eines Straßendorfs hat und man könnte Ausschau nach dem besten Rotwein halten. Denn Klingenburg ist Rotweinland. Seit Jahrhunderten baut man in Klingenberg Wein an: 1261 schriftlich bestätigt – Weingärten »auf dem hohen Berge«. Eigentümer: die Schenken von Clingenburg. Gerühmt wird der Spätburgunder – sogar Gedichte und Lieder zu seinen Vorzügen sind überliefert.

Zwar wurde Klingenberg aufgrund des Weins berühmt, der frühere Reichtum stammt jedoch aus der Tongrube: Die Tonschicht hatte sich vor etwa acht Millionen Jahren gebildet, weil sich Wasser im Buntsandstein staute. Seit dem Mittelalter beutet man die Tongrube aus – mit einer so guten Rendite, dass man die Stadt ausbauen und mit den neuesten Errungenschaften ausstatten konnte. Steuern wurden keine erhoben, im Gegenteil, die Bürger bekamen sogar ein erkleckliches »Bürgergeld« zwischen 200 und 400 Mark ausbezahlt. Diese Zustände sind leider Geschichte. Die Klingenberger müssen Steuern zahlen und für ihre Gewürze Geld auf den Tisch legen.

Wer mehr über die Klingenberger Geschichte zwischen Wein und Ton wissen will, muss ins Heimatmuseum gehen. Interessant sind auch die kompletten Wohn- und Arbeitsräume.

78

Das Gasthaus zum Goldenen Schwert steht im Rotweinparadies Klingenberg. Eine gute Adresse für Rotwein ist das **Weingut Steintal**
Wilhelmstraße 107
63911 Klingenberg
09372 2438
www.weingut-steintal.de

IN DER ROTWEINECKE FRANKENS

Weingut Steintal

Wir befinden uns im fränkischen Rotweinland. Seit 1261 kann man in Klingenberg den Weinanbau nachweisen. Schon damals gediehen auf den Buntsandsteinböden vor allem Früh- und Spätburgunder. Zunächst labten sich die Bauern vor Ort an ihrem eigenen Wein, belegt ist der Verkauf des Weines in die umliegenden Städte seit dem Jahr 1544. 1601 wird Klingenberg der Sitz der kurfürstlichen Kellerei. Selbst König Gustav Adolf von Schweden war von dem Klingenberger Wein angetan und ließ ihn 1631 nach Schweden exportieren. 1890 wurde eine eigene Rebschule gegründet, sodass die Weinreben in »die Schule gehen« mussten. Das Wissen um die althergebrachten Sorten wie Spätburgunder sollte weitergegeben werden. 1912 wurde ein städtisches *Weingut der Stadt Klingenberg* gegründet, um diese Tradition fortzuführen. Fast 100 Jahre später wird es privatisiert und trägt mittlerweile den Namen *Weingut Steintal.*

Es herrscht eine besondere Philosophie: Beim Kulturgut Wein ergibt eins und eins nicht zwei. Jeder Schluck lebt auch von der Faszination und Begeisterung, die ihm innewohnt. Ein guter Wein setzt sich aus unzähligen kleinen und großen Bausteinen zusammen. Sie machen diesen Wein einzigartig und authentisch. Jeder Wein ist ein Stück Einzigartigkeit, in der die Rebe ihre Herkunft, ihren Boden, die Mühen des Winzers, das Wetter und die Ereignisse eines ganzen Jahres dokumentiert. Die Leidenschaft des Winzers ist durch die Liebe zum Spätburgunder geprägt. Mit den historischen Lagen und den wertvollen, alten Reben des ehemaligen städtischen Weingutes setzt er mit seinem Weingut ein Ausrufezeichen für die Faszination Spätburgunder.

Durch Klingenberg verläuft der fränkische Rotweinwanderweg. Die Route berührt über knapp 80 Kilometer die örtlichen Weinbaugebiete und bietet Informationsmöglichkeiten über Weinbau und Rebkultur. Die Strecke führt durch die Orte Großostheim, Großwallstadt, Elsenfeld, Rück/Schippach, Erlenbach, Klingenberg, Großheubach und Bürgstadt.

79

Pompejanum
Pompejanumstraße 5
63739 Aschaffenburg
06021 218012

Schloss- und Gartenverwaltung Aschaffenburg
Schlossplatz 4
63739 Aschaffenburg
06021 386570
www.schloesser.bayern.de

SAURER WEIN AUF POMPEJANUM-GRUND

Pompejanum

Im Hochufer des Mains steht im Schlossgarten das Pompejanum. Der Auftraggeber war König Ludwig I. Er hatte sich zu diesem Bau von den Ausgrabungen in Pompeji inspirieren lassen. Es stellt ein römisches Wohnhaus dar, das aber nicht bewohnt, sondern für Ausstellungen genutzt wurde und Kunstliebhabern das Studium der antiken Kultur ermöglichen sollte. Es war eines der »Unsinnsprojekte« des Königs und entsprechend teuer. Um zwei Innenhöfe gruppieren sich Empfangs- und Gästezimmer. Die Innenausstattung, die Wandmalereien und die Mosaikböden gestaltete man nach antiken Vorbildern. Das passt ganz gut zur Antikensammlung, die hier heute untergebracht ist. Um das Pompejanum herum gibt es einen großen Garten, der bis zum Schloss hinüberreicht. Vom Garten hat man einen wunderbaren Blick auf das Schloss, die Stadt und die Weinberge.

Auf dem sonnenverwöhnten Terrain unterhalb des Pompejanums wird noch heute Wein angebaut. Eine ganz besondere Geschichte: Ursprünglich wurden Tafeltrauben gepflanzt, die als Speisetrauben verkauft werden sollten, aber die italienische Ware war billiger und süßer. So beschloss man, die Trauben zu keltern. 1960 kamen erstmals Bocksbeutel mit dem »Aschaffenburger Pompejaner« auf den Markt, ein leichter, bekömmlicher Tischwein. Die Aschaffenburger Rarität war zwar etwas herb, aber nach dem zweiten Glas konnte man ihn ganz gut trinken. In den Folgejahren bepflanzte man den Weinberg mit der Rebensorte Mainriesling (Rieslaner) und erntete ab 1963 den Jungfernwein. Das war nicht der Hit. Man verbesserte ihn im Laufe der Zeit. Heute ist der Pompejaner ein sehr eigenwilliger Frankenwein, der im freien Handel nicht erhältlich ist. Er wird bei offiziellen Anlässen der Stadt Aschaffenburg ausgeschenkt oder als Präsent überreicht. Nicht für jeden Gast ein Pläsier.

Schön ist ein Spaziergang durch den Garten. In ihm wachsen auch Mandelbäume und Feigen, Agaven und Zypressen. Das Mittelmeer lässt grüßen.

80

Ascheberger Arsch
Vom Marktplatz geht man den Schlossberg hinab, aber nur ein paar Schritte. An der Mauer in Manneshöhe sieht man die Skulptur.
63739 Aschaffenburg

Schlossmuseum Schloss Johannisburg
Schlossplatz 4
63739 Aschaffenburg
06021 386740
www.museen-aschaffenburg.de

Sich selbst auf den Arm nehmen

Ascheberger Arsch

Es ist angeblich das sogenannte siebte Wahrzeichen der Stadt Aschaffenburg. Manche nehmen es nur ungern in den Mund. Andere lieben es. Das Wort. Das Unaussprechliche gibt es tatsächlich. Man geht den Schlossberg hinab, und gleich links oben in der Mauer ist es oder er zu bewundern. Es soll die Neckerei eines gewitzten Steinmetzen aus der Zeit des Schlossbaus gewesen sein. Viele Bäcker haben das Wahrzeichen versüßt und bieten es als Leckerei an: den Ascheberger Arsch.

Die Aschaffenburger mögen gerne Kuchen. Dazu gehört auch der Quetschekuche. Ein besonderer Anlass zum Essen desselben ist die Schweinheimer Kirchweih an Mariä Geburt (8. September): Traditionell lädt man Verwandte und Bekannte dazu sein. Und natürlich ist der Quetschekuche ein Zwetschgenkuchen, an denen im Herbst kein Mangel herrscht. Früher, als es noch nicht in jedem Haushalt einen Backofen gab, konnte man Mädchen beobachten, die riesige Backbleche zum Bäcker brachten.

Von diesem Blechkuchen sind zwei Varianten überliefert: die städtische und die bäuerliche, je nach Verarbeitung der Zwetschgen. Städtisch ist der Kuchen, wenn die Zwetschgen in Vierteln eng beieinander liegen, bäuerlich, wenn die Öffnungen der Hälften nach unten gerichtet sind. Wer den Kuchen nicht selbst backen möchte, besucht die *Schwoier Quetschkuchekerb*. Rund 16 Zentner Zwetschgen werden auf 160 Backblechen verteilt – und gebacken.

Gerne bedient sich auch der Maulaff beim Zwetschgenkuchen. Im Schlossmuseum steht die fast lebensgroße Figur mit weit geöffnetem Mund. Er wurde 1778 von den Bildhauern Hoffmann und Baumgärtner aus Holz geschaffen, als karikierende Darstellung eines Spessart-Bauern in Tracht. Anfänglich war das gar nicht negativ gemeint, aber als er ins Museum verbannt wurde, übernahm er dort die Rolle des »etwas perplexen, begriffsstutzigen Gaffers«. Manche Aschaffenburger sind sogar stolz darauf.

An den Bäckereien sollte man nicht vorbeigehen. Man kann den Ascheberger Arsch erstehen und natürlich den Quetschekuchen.

81

Denkmal Autolenkerschule
An der Grenze des Dalberg-Viertels, wo einst der Bassenheimer Hof war
Dalbergstraße 78
63739 Aschaffenburg

Tourist-Information
Schloßplatz 2
63739 Aschaffenburg
06021 395800
www.info-aschaffenburg.de

DIE FAHRSCHULE DER ERSTEN AUTOFAHRER

Denkmal Autolenkerschule

Es ist nachgewiesen: Die erste deutsche Fahrschule stand in Aschaffenburg. Der Gründer war kein Maschinenbauer, sondern Architekt. Rudolf Kempf gründete sie 1904 als *Erste deutsche Autolenkerschule* und als Teil seines Kempf'schen Privat-Technikums (1901–1906) im Bassenheimer Hof. Anscheinend war dies damals eine Marktlücke.

Unbescholtene Männer ab 17 Jahren konnten sich in dieser Schule zu versierten Motorfahrzeuglenkern ausbilden lassen. Was wurde unterrichtet? Theoretischer Unterricht (wöchentlich 15 Stunden), Arbeit in der Werkstatt (zwölf Stunden), Fahrpraxis (acht Stunden) – verteilt über zehn Wochen. Am ersten Kurs, der am 7. November 1904 losging, nahmen 36 Interessierte teil, nicht nur Aschaffenburger. 419 Männer durchliefen die Ausbildung, an deren Ende das *Befähigungszeugnis als Kraftfahrzeug-Lenker* winkte.

Heute sprechen wir nicht mehr vom »Lenkerzeugnis«, sondern vom Führerschein – der aber erst seit 1910 existiert. Als das Technikum die Konzession verlor, bedeutete das auch das Aus für die *Erste deutsche Automobil-Fachschule in* Aschaffenburg. Erst 1927 öffnete in Aschaffenburg wieder eine Fahrschule. In den letzten Jahren erinnerte man sich an dieses Ereignis und im April 2004 gedachte man am ehemaligen Standort der Autolenkerschule mit einer Stele.

Die Gedenkstätte befindet sich am Beginn des Dalberg-Viertels, dem In-Quartier in Aschaffenburg. Den Namen trägt es nach dem letzten Mainzer Erzbischof und Kurfürsten, Fürstprimas des Rheinbundes, später Großherzog, Carl Theodor von Dalberg. Der begabte Literat und Politiker führte Aschaffenburg zu Beginn des 19. Jahrhunderts zur wirtschaftlichen und kulturellen Blüte: Er holte bekannte Künstler an seinen Hof, gründete die Karlsuniversität sowie das Theater und förderte das Bildungswesen. Als Aschaffenburg mit seinem Umland 1814 an die bayerische Krone fiel, endete diese Hoch-Zeit.

Das Dalberg-Viertel hat viel Charme. Deshalb wird auch das Dalberg-Straßenfest im Juli von vielen Aschaffenburgern besucht. Auch Auswärtige sind willkommen.

ALS DIE RÖMER FRECH GEWORDEN …

Die Geschichte des Frankenweins

Vom Weinanbau berichtet bereits das Alte Testament: »Noah wurde der erste Ackerbauer und pflanzte einen Weinberg. Er trank von dem Wein, wurde davon betrunken und lag entblößt in seinem Zelt.« Auch die Griechen kannten sich mit dem Wein gut aus. Plutarch: »Wein ist unter den Getränken das nützlichste, unter den Arzneien die schmackhafteste, unter den Nahrungsmitteln das angenehmste.«

In Franken waren angeblich die Römer schuld. Sie sollen den Weinanbau eingeführt haben. Aber nachgewiesen ist dies nicht. Der Sage nach beginnt der Weinbau mit der Gründung der Benediktinerinnenklöster in Kleinochsenfurt und Kitzingen. Das war im 8. Jahrhundert. Das könnte stimmen, da die ältesten Aufzeichnungen der Benediktinerabtei in Fulda Weinberge unter anderem 766 bei Klingenberg erwähnen. Mit Siegel beglaubigt ist 777 das Geschenk des Frankenkönigs Karls des Großen an die Abtei Fulda. Das Präsent umfasst das Königsgut Hammelburg mit acht Weinbergen. Es handelt sich dabei um das heutige Schloss Saaleck. Karl der Große fördert den Weinbau weitsichtig aus wirtschaftlichen Gründen. Die Würzburger Abtsleite wird 779 erwähnt, das erste Mal, dass von einer Weinlage berichtet wird.

Der Weinanbau breitet sich im 9. bis 11. Jahrhundert im gesamten Maintal aus. Der Weinanbau wird zur Wirtschaftskraft. Vom 12. bis 16. Jahrhundert zeigen die Weinbauern ihre volle Power. 40.000 Hektar Fläche werden in den Blütezeiten mit Wein bebaut. Geistliche und weltliche Grundherren fördern den Weinanbau. Wein wird zum Volksgetränk.

Doch nach dem Dreißigjährigen Krieg (1618–1648) sind ganze Landstriche verwüstet, in Ober- und Mittelfranken kommt der Weinbau fast gänzlich zum Erliegen, nur im Kerngebiet kann er sich halten. Und das Klima verschlechtert sich und die Deutschen greifen lieber zum Bierkrug.

Im 18. Jahrhundert gibt es eine neue Blütezeit. Maßgeblich sind die Mönche in den Klöstern, insbesondere das Hochstift Würzburg.

Der Frankenwein wird sogar zum Modewein. Nun beträgt die Anbaufläche wieder so um die 16.500 Hektar.

Der nächste Rückschlag für den Weinanbau im 19. Jahrhundert hat seinen Grund in der Säkularisation und der Auflösung der Klöster. Zwar ist auch Napoleon Weinliebhaber, aber er trinkt lieber französische Weine und nach der Vereinnahmung Frankens durch das bayerische Königshaus werden Pfälzer Weine bevorzugt. Die sind auch billiger, weil die fränkischen Winzer gemäß der neuen Verfassung hohe Steuern bezahlen müssen. Die Rebfläche schmilzt auf 10.500 Hektar ab.

Doch nicht genug. Um 1900 macht sich die Industrialisierung bemerkbar. Viele Menschen wollen nicht mehr als Bauern oder Winzer arbeiten, sondern verdingen sich als Arbeiter in den Fabriken. Und dazu kommt noch das Auftreten von Schädlingen: 1880 Peronospora, 1894 Echter Mehltau, 1902 die Reblaus.

1959 – und das ist noch gar nicht lange her – gibt es nur noch 2.360 Hektar Rebfläche. In den 60er- und 70er-Jahren beginnen die modernen Zeiten. Die Flurbereinigung wird durchgeführt, Genossenschaften gegründet, die Produktion modernisiert: Technik, Rebschutz, Düngung.

So hat der Weinbau überlebt. Heute bewirtschaften ungefähr 7.000 Winzerbetriebe rund 6.000 Hektar bestockte Rebfläche. Sie produzieren etwa 40 Millionen Flaschen bei 200 Millionen Euro Umsatz pro Jahr. Der Wein hat sich emanzipiert. Alle können sich Wein leisten, aber nicht alle haben den richtigen Sinn für den Wein. Wein ist mittlerweile verheiratet mit Kultur. Und die beiden kommen prächtig miteinander aus. Unsere Reise durch Unterfranken beweist dies mit Vergnügen.

ALLE LIEFERBAREN Lieblings-plätze

ISBN 978-3-8392-0044-5

ISBN 978-3-8392-2730-5

ISBN 978-3-8392-2613-1

ISBN 978-3-8392-2837-1

ISBN 978-3-8392-2616-2

ISBN 978-3-8392-2632-2

ISBN 978-3-8392-2733-6

ISBN 978-3-8392-2731-2

ISBN 978-3-8392-2732-9

ISBN 978-3-8392-2628-5

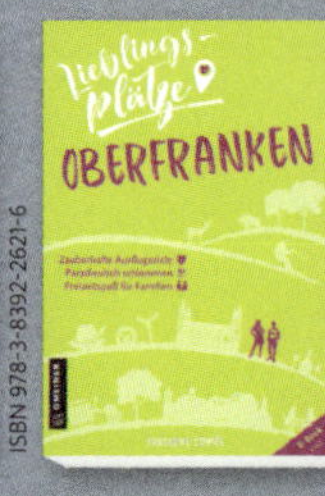

ISBN 978-3-8392-2621-6

ISBN 978-3-8392-2885-2

ISBN 978-3-8392-2625-4

ISBN 978-3-8392-2838-8

ISBN 978-3-8392-2630-8

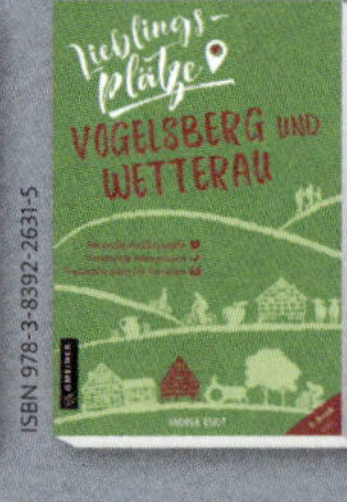

ISBN 978-3-8392-2631-5

ISBN 978-3-8392-2928-5

ISBN 978-3-8392-2929-3

ISBN 978-3-8392-2932-3

ISBN 978-3-8392-2931-6

ISBN 978-3-8392-2925-5

ISBN 978-3-8392-2619-3

ISBN 978-3-8392-2618-6

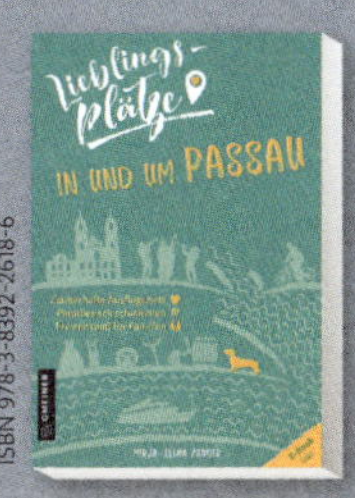

ISBN 978-3-8392-2615-5

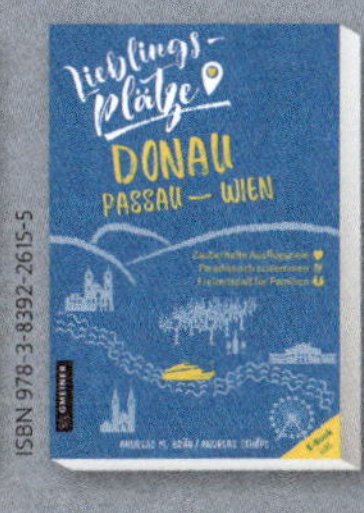

ISBN 978-3-8392-2629-2

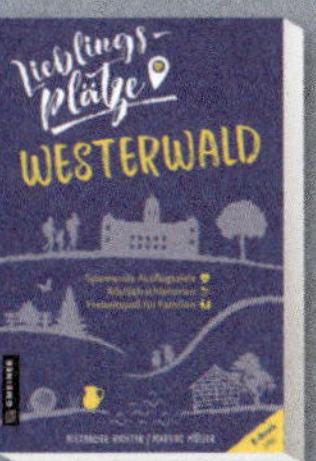

ISBN 978-3-8392-2627-8

ISBN 978-3-8392-2617-9

ISBN 978-3-8392-2635-3

ISBN 978-3-8392-2633-9

ISBN 978-3-8392-2405-2

ISBN 978-3-8392-2614-8

ISBN 978-3-8392-2839-5

ISBN 978-3-8392-2624-7

ISBN 978-3-8392-2611-7

ISBN 978-3-8392-2545-5

ISBN 978-3-8392-2620-9

ISBN 978-3-8392-2634-6

ISBN 978-3-8392-2927-9

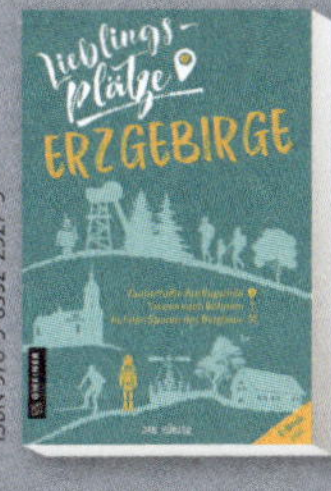

ISBN 978-3-8392-2926-2

ISBN 978-3-8392-2924-8

ISBN 978-3-8392-0043-8

KRIMIS AUS DER REGION

Copia,
Hinter hessischen Gittern
978-3-8392-0033-9

Köstering,
Falkenspur
978-3-8392-1844-0

Pfannholz,
Waldherz
978-3-8392-1746-7

Wölm,
Blutstern
978-3-8392-1375-9

Wölm,
Mainfall
978-3-8392-1125-0

Wölm,
Weinmordrache
978-3-8392-2058-0